DER
ROSENKAVALIER

der Kavalier ⟹
            knight, gentleman, beau

DER ROSENKAVALIER

KOMÖDIE FÜR MUSIK IN
DREI AUFZÜGEN VON
HUGO VON HOFMANNSTHAL

MUSIK VON

RICHARD STRAUSS

OPUS 59

*

AF 5905

FÜRSTNER MUSIKVERLAG
MAINZ
vertreten durch B. Schott's Söhne, Mainz
für Deutschland, Danzig, Italien, Portugal und die Nachfolgestaaten der UdSSR
alle übrigen Länder:
Boosey & Hawkes Music Publishers Ltd., London
Printed in Germany

Den Bühnen gegenüber Manuskript

Das Recht der Aufführung ist vorbehalten
All rights of public performance reserved
Tous droits d'exécution et de représentation réservés

Dr. RICHARD STRAUSS

AF 5905

ISBN 3-7957-7874-3

PERSONEN

Die Feldmarschallin Fürstin Werdenberg . .	*Sopran*
Der Baron Ochs auf Lerchenau	*Baß*
Octavian, genannt Quinquin, ein junger Herr aus großem Haus	*Mezzosopran*
Herr von Faninal, ein reicher Neugeadelter	*hoher Bariton*
Sophie, seine Tochter	*hoher Sopran*
Jungfer Marianne Leitmetzerin, die Duenna	*hoher Sopran*
Valzacchi, ein Intrigant	*Tenor*
Annina, seine Begleiterin	*Alt*
Ein Polizeikommissar	*Baß*
Der Haushofmeister bei der Feldmarschallin	*Tenor*
Der Haushofmeister bei Faninal	*Tenor*
Ein Notar	*Baß*
Ein Wirt	*Tenor*
Ein Sänger	*hoher Tenor*
Ein Gelehrter	
Ein Flötist	
Ein Friseur	
Dessen Gehilfe	
Eine adelige Witwe	
Drei adelige Waisen	{ *Sopran* / *Mezzosopran* / *Alt*
Eine Modistin	*Sopran*
Ein Tierhändler	*Tenor*
4 Lakaien der Marschallin	{ *2 Tenöre* / *2 Bässe*
4 Kellner	{ *1 Tenor* / *3 Bässe*

Ein kleiner Neger, Lakaien, Läufer, Haiducken, Küchenpersonal, Gäste, Musikanten, 2 Wächter, 4 kleine Kinder. Verschiedene verdächtige Gestalten.

In Wien, in den ersten Jahren der Regierung Maria Theresias.

ERSTER AUFZUG

Das Schlafzimmer der Feldmarschallin. Links im Alkoven das große zeltförmige Himmelbett. Neben dem Bett ein dreiteiliger chinesischer Wandschirm, hinter dem Kleider liegen. Ferner ein kleines Tischchen und ein paar Sitzmöbel. Auf einem Fauteuil links liegt ein Degen in der Scheide. Rechts große Flügeltüren in das Vorzimmer. In der Mitte, kaum sichtbar, kleine Türe in die Wand eingelassen. Sonst keine Türen. In dem Alkoven rechts steht ein Frisiertisch und ein paar Sessel an der Wand. Fauteuils und zwei kleine Sofas. Die Vorhänge des Bettes sind zurückgeschlagen. Octavian kniet auf einem Schemel vor dem Sofa links und hält die Feldmarschallin, die in der Sofaecke liegt, halb umschlungen. Man sieht ihr Gesicht nicht, sondern nur ihre sehr schöne Hand und den Arm, von dem das Spitzenhemd abfällt. Durch das halbgeöffnete Fenster strömt die helle Morgensonne herein. Man hört im Garten Vöglein singen.

OCTAVIAN

Wie du warst! Wie du bist!
Das weiß niemand, das ahnt keiner!

MARSCHALLIN

(richtet sich in den Kissen auf)

Beklagt Er sich über das, Quinquin? Möcht' Er
daß viele das wüßten?

OCTAVIAN

(feurig)

Engel! Nein! Selig bin ich,
Daß ich der Einzige bin, der weiß, wie du bist.
Keiner ahnt es! Niemand weiß es!
Du, du — was heißt das „Du"? Was „du und ich"?
Hat denn das einen Sinn?
Das sind Wörter, bloße Wörter, nicht? Du sag'!
Aber dennoch: Es ist etwas in ihnen,
ein Schwindeln, ein Ziehen, ein Sehnen und Drängen,
ein Schmachten und Brennen:
Wie jetzt meine Hand zu deiner Hand kommt,
Das Zudirwollen, das Dichumklammern,
das bin ich, das will zu dir;
aber das Ich vergeht in dem Du ...
Ich bin dein Bub', aber wenn mir dann Hören und
                                       Sehen vergeht —
wo ist dann dein Bub?

MARSCHALLIN

(leise)

Du bist mein Bub', du bist mein Schatz!
(sehr innig)
Ich hab' dich lieb!

OCTAVIAN

(fährt auf)

Warum ist Tag? Ich will nicht den Tag! Für was
                              ist der Tag!
Da haben dich alle! Finster soll sein!
(Er stürzt ans Fenster, schließt es und zieht die Vorhänge zu.
Man hört von fern ein leises Klingeln.)

MARSCHALLIN

(lacht leise)

OCTAVIAN

Lachst du mich aus?

MARSCHALLIN
(zärtlich)

Lach' ich dich aus?

OCTAVIAN

Engel!

MARSCHALLIN.

Schatz du, mein junger Schatz.
(wieder ein leises Klingeln)

Horch! listen

OCTAVIAN

Ich will nicht.

MARSCHALLIN

Still, paß auf!

OCTAVIAN

Ich will nichts hören! Was wird's denn sein?
(das Klingeln näher)

Sind's leicht Laufer mit Briefen und Komplimenten?
Vom Saurau, vom Hartig, vom portugieser Envoyé?
Hier kommt mir keiner herein. Hier bin ich der Herr!

(Die kleine Tür in der Mitte geht auf und ein kleiner Neger
in Gelb, behängt mit silbernen Schellen, ein Präsentierbrett
mit der Schokolade tragend, trippelt über die Schwelle.
Die Tür hinter dem Neger wird von unsichtbaren Händen
geschlossen.)

MARSCHALLIN

Schnell, da versteck' Er sich! Das Frühstück ist's

OCTAVIAN
(gleitet hinter den vorderen Wandschirm)

MARSCHALLIN   sword
Schmeiß' Er doch Seinen Degen hinters Bett.

OCTAVIAN
(fährt nach dem Degen und versteckt ihn)

MARSCHALLIN
(verschwindet hinter den Bettvorhängen, die sie fallen läßt)

DER KLEINE NEGER
(stellt das Servierbrett auf das kleine Tischchen, schiebt
dieses nach vorne, neben das linksstehende Sofa, verneigt
sich dann tief gegen das Bett, die kleinen Arme über die
Brust gekreuzt. Dann tanzt er zierlich nach rückwärts,
immer das Gesicht dem Bette zugewandt. An der Tür verneigt er sich nochmals und verschwindet.)

MARSCHALLIN
(tritt zwischen den Bettvorhängen hervor. Sie hat einen
leichten mit Pelz verbrämten Mantel umgeschlagen.)

OCTAVIAN
(kommt zwischen der Mauer und dem Wandschirm hervor)

MARSCHALLIN
Er Katzenkopf, Er Unvorsichtiger!
Läßt man in einer Dame Schlafzimmer seinen Degen
herumliegen?
Hat Er keine besseren Gepflogenheiten?

OCTAVIAN
Wenn Ihr zu dumm ist, wie ich mich benehm',
und wenn Ihr abgeht, daß ich kein Geübter in
solchen Sachen bin,
dann weiß ich überhaupt nicht, was Sie an mir hat!

MARSCHALLIN
(zärtlich, auf dem Sofa)
Philosophier' Er nicht, Herr Schatz, und komm
Er her.
Jetzt wird gefrühstückt. Jedes Ding hat seine Zeit.

OCTAVIAN
(setzt sich dicht neben sie. Sie frühstücken sehr zärtlich.
Octavian legt sein Gesicht auf ihr Knie. Sie streichelt sein
Haar. Er blickt zu ihr auf. Leise).
Marie Theres'!

MARSCHALLIN
Octavian!

OCTAVIAN
Bichette!

MARSCHALLIN
Quinquin!

OCTAVIAN
Mein Schatz!

MARSCHALLIN
Mein Bub'!
(sie frühstücken weiter)

OCTAVIAN
(lustig)
Der Feldmarschall sitzt im krowatischen Wald
und jagt auf Bären und Luchsen.
Und ich, ich sitz' hier, ich junges Blut, und jag' auf
was?
Ich hab' ein Glück, ich hab' ein Glück!

MARSCHALLIN
(indem ein Schatten über ihr Gesicht fliegt)
Laß Er den Feldmarschall in Ruh'!
Mir hat von ihm geträumt.

OCTAVIAN

Heut nacht hat dir von ihm geträumt? Heut nacht?

MARSCHALLIN

Ich schaff' mir meine Träum' nicht an.

OCTAVIAN

Heut nacht hat dir von deinem Mann geträumt?
Heut nacht?

MARSCHALLIN

Mach' Er nicht solche Augen. Ich kann nichts dafür.
Er war auf einmal wieder zu Haus.

OCTAVIAN
(leise)

Der Feldmarschall?

MARSCHALLIN

Es war ein Lärm im Hof von Pferd' und Leut' und
er war da,
Vor Schreck war ich auf einmal wach, nein, schau' nur,
schau' nur, wie kindisch ich bin: ich hör' noch immer
den Rumor im Hof.
Ich bring's nicht aus dem Ohr. Hörst du leicht
auch was?

OCTAVIAN

Ja freilich hör' ich was, aber muß es denn dein
Mann sein!?
Denk' dir doch, wo der ist: im Raitzenland, noch
hinterwärts von Esseg.

MARSCHALLIN

Ist das sicher sehr weit?
Na, dann wird's halt was anders sein. Dann is ja gut.

OCTAVIAN

Du schaust so ängstlich drein, Theres!

MARSCHALLIN

Weiß Er, Quinquin — wenn es auch weit ist —
Der Feldmarschall is halt sehr geschwind. Einmal —
(sie stockt)

OCTAVIAN
(eifersüchtig)

Was war einmal?

MARSCHALLIN
(zerstreut, horcht)

OCTAVIAN
(eifersüchtig)

Was war einmal? Bichette!
Bichette! Was war einmal?

MARSCHALLIN

Ach sei Er gut, Er muß nicht alles wissen.

OCTAVIAN
(wirft sich verzweifelt aufs Sofa rechts)

So spielt Sie sich mit mir! Ich bin ein unglücklicher
Mensch!

MARSCHALLIN
(horcht)

Jetzt trotz' Er nicht. Jetzt gilt's: es ist der Feld-
marschall.
Wenn es ein Fremder wär', so wär' der Lärm da
draußen in meinem Vorzimmer.
Es muß mein Mann sein, der durch die Garderob'
herein will
Und mit den Lakaien disputiert.
Quinquin, es ist mein Mann!

OCTAVIAN
(fährt nach seinem Degen und läuft gegen rechts)

MARSCHALLIN
Nicht dort, dort ist das Vorzimmer.
Da sitzen meine Lieferanten und ein halbes Dutzend
Lakaien.
Da!

OCTAVIAN
(läuft hinüber zur kleinen Türe)

MARSCHALLIN
Zu spät! Sie sind schon in der Garderob'!
Jetzt bleibt nur eins!
Versteck' Er sich!
(Nach einer kurzen Pause der Ratlosigkeit)
Dort!

OCTAVIAN
Ich spring' ihm in den Weg! Ich bleib' bei dir.

MARSCHALLIN
Dort hinters Bett! Dort in die Vorhäng'. Und rühr'
dich nicht!

OCTAVIAN
(zögernd)
Wenn er mich dort erwischt, was wird aus dir,
Theres'?

MARSCHALLIN
(flehend)
Versteck' Er sich, mein Schatz.

OCTAVIAN
(beim Wandschirm)

Theres!

(Er verschwindet zwischen dem Wandschirm und der Alkovenwand.)

MARSCHALLIN
(ungeduldig aufstampfend)

Sei Er ganz still!

(mit blitzenden Augen)

Das möcht' ich sehn,
Ob einer sich dort hinübertraut, wenn ich hier steh'.
Ich bin kein napolitanischer General: wo ich steh',
steh' ich.
Sind brave Kerl'n, meine Lakaien, wollen ihn nicht
herein lassen,
sagen, daß ich schlaf'. Sehr brave Kerl'n!

(aufhorchend)

Die Stimm'!
Das ist ja gar nicht die Stimm' vom Feldmarschall!
Sie sagen „Herr Baron" zu ihm! Das ist ein Fremder.

(lustig)

Quinquin, es ist ein Besuch.

(sie lacht)

Fahr' Er schnell in seine Kleider,
aber bleib' Er versteckt,
daß die Lakaien Ihn nicht seh'n.
Die blöde große Stimm' müßte ich doch kennen.
Wer ist denn das? Herrgott, das ist der Ochs.
Das ist mein Vetter, der Lerchenau, der Ochs auf
Lerchenau,
Was will denn der? Jesus Maria!

(sie muß lachen)

Quinquin, hört Er,
Quinquin, erinnert Er sich nicht?
Vor fünf oder sechs Tagen — den Brief

Wir sind im Wagen gesessen,
und einen Brief haben sie mir an den Wagenschlag
gebracht.
Das war der Brief vom Ochs.
Und ich hab' keine Ahnung, was drin gestanden ist.
(lacht)
Daran ist Er allein schuld, Quinquin!

STIMME DES HAUSHOFMEISTERS

(draußen)

Belieben Euer Gnaden in der Galerie zu warten!
(Die kleine rückwärtige Türe wird während des Folgenden
mehrmals bis zum Spalt geöffnet und wieder geschlossen,
als wollte von außen jemand eindringen, dem von anderen
der Eintritt verwehrt wird.)

STIMME DES BARONS

(draußen)

Wo hat Er seine Manieren gelernt?
Der Baron Lerchenau antichambrieret nicht.

MARSCHALLIN

Quinquin, was treibt Er denn? Wo steckt Er denn?

OCTAVIAN

(in einem Frauenrock und Jäckchen, das Haar mit einem
Schnupftuch und einem Bande wie in einem Häubchen, tritt
hervor und knickst)

Befehl'n fürstli' Gnad'n, i bin halt noch nit recht lang
in fürstli'n Dienst.

MARSCHALLIN

Du, Schatz!
Und nicht einmal mehr als ein Busserl kann ich
dir geben.

(Küßt ihn schnell. Neuer Lärm draußen.)

Er bricht mir ja die Tür ein, der Herr Vetter.
Mach' Er, daß Er hinauskomm'.
Schlief Er frech durch die Lakaien durch.
Er ist ein blitzgescheiter Lump! Und komm' Er
wieder, Schatz,
aber in Mannskleidern und durch die vordre Tür,
wenn's Ihm beliebt.

(Setzt sich auf das Sofa links mit dem Rücken gegen die Tür
und beginnt ihre Schokolade zu trinken. Octavian geht
schnell gegen die kleine Tür und will hinaus. Im gleichen
Augenblick wird die Tür aufgerissen, und Baron Ochs, den
die Lakaien vergeblich abzuhalten suchen, tritt ein. Octavian, der mit gesenktem Kopf rasch entwischen wollte, stößt
mit ihm zusammen. Dann drückt er sich verlegen an die
Wand links von der Tür. Drei Lakaien sind gleichzeitig mit
dem Baron eingetreten, stehen ratlos.)

BARON
(mit Grandezza zu den Lakaien)
Selbstverständlich empfängt mich Ihre Gnaden.
(Er geht nach vorn, die Lakaien zu seiner Linken suchen
ihm den Weg zu vertreten.)

BARON
(zu Octavian mit Interesse)
Pardon, mein hübsches Kind!

OCTAVIAN
(dreht sich verlegen gegen die Wand)

BARON
(mit Grazie und Herablassung)
Ich sag': Pardon, mein hübsches Kind.

MARSCHALLIN
(sieht über die Schulter, steht dann auf und kommt dem
Baron entgegen)

BARON

(galant zu Octavian)

Ich hab' Ihr doch nicht ernstlich weh getan?

LAKAIEN

(zupfen den Baron, leise)

Ihre fürstlichen Gnaden!

(Sie rangieren sich beim Nahen der Marschallin zu einer
dichtgeschlossenen Front hart vor der kleinen Türe.)

BARON

(macht die französische Reverenz mit zwei Wiederholungen)

MARSCHALLIN

Euer Liebden sehen vortrefflich aus.

BARON

(verneigt sich nochmals, dann zu den Lakaien)

Sieht Er jetzt wohl, daß Ihre Gnaden entzückt ist,
mich zu sehn.

(Auf die Marschallin zu, mit weltmännischer Leichtigkeit,
indem er ihr die Hand reicht und sie vorführt.)

Und wie sollten Euer Gnaden nicht!
Was tut die frühe Stunde unter Personen von Stand?
Hab' ich nicht seinerzeit wahrhaftig Tag für Tag
unsrer Fürstin Brioche meine Aufwartung gemacht,
da sie im Bad gesessen ist,
mit nichts als einem kleinen Wandschirm zwischen
ihr und mir.

Ich muß mich wundern,

(zornig umschauend)

wenn Euer Gnaden Livree —

OCTAVIAN

(wäre währenddessen gern hinausgeschlüpft; die befremdeten Blicke und Gesichter der Lakaien nötigen ihn zur äußersten Vorsicht, und er zieht sich mit gespielter Unbefangenheit an der Wand gegen den Alkoven hin zurück)

MARSCHALLIN

Verzeihen Sie!
Man hat sich betragen, wie es befohlen war.
Ich hatte diesen Morgen die Migräne.
(Auf einen Wink der Marschallin haben die Lakaien die beiden kleinen Sofas mehr nach vorn gebracht und sind abgegangen.)

BARON

(sieht öfters nach rückwärts)

OCTAVIAN

(macht sich möglichst unsichtbar beim Bett zu schaffen)

MARSCHALLIN

(setzt sich auf das Sofa rechts, nachdem sie dem Baron den Platz auf dem Sofa links angeboten hat)

BARON

(versucht sich zu setzen, äußert okkupiert von der Anwesenheit der hübschen Kammerzofe. Für sich)
Ein hübsches Ding! Ein gutes saub'res Kinderl!

MARSCHALLIN

(aufstehend, ihm zeremoniös aufs neue seinen Platz anbietend)

BARON

(setzt sich zögernd und bemüht sich, der hübschen Zofe nicht völlig den Rücken zu kehren. Im folgenden wendet er sich bald nach der Marschallin, also nach seiner Linken, bald nach Octavian, also nach seiner Rechten)

MARSCHALLIN

Ich bin auch jetzt noch nicht ganz wohl.
Der Vetter wird darum vielleicht die Gnade haben —

BARON

Natürlich.
(Er dreht sich nach seiner Rechten um, um Octavian zu
sehen.)

MARSCHALLIN

Meine Kammerzofe, ein junges Ding vom Land.
Ich muß fürchten, sie inkommodiert Euer Liebden.

BARON
(nach seiner Rechten)
Ganz allerliebst!
(nach seiner Linken)
Wie? Nicht im geringsten! Mich? Im Gegenteil!
(Er winkt Octavian mit der Hand, dann zur Marschallin.)
Euer Gnaden werden vielleicht verwundert sein,
daß ich als Bräutigam
(sieht sich nach seiner Linken um)
indes — inzwischen —

MARSCHALLIN

Als Bräutigam?

BARON
(nach seiner Linken)
Ja, wie Euer Gnaden denn doch wohl aus meinem
Brief genugsam —
(nach seiner Rechten)
Ein Grasaff', appetitlich, keine fünfzehn Jahr!

MARSCHALLIN
(erleichtert)
Der Brief, natürlich, ja, der Brief, wer ist denn
nur die Glückliche?
Ich hab den Namen auf der Zunge

BARON
(nach seiner Linken)

Wie?

(nach rückwärts)

Pudeljung! Gesund! Gewaschen! Allerliebst!

MARSCHALLIN

Wer ist nur schnell die Braut!?

BARON

Das Fräulein Faninal. Ich habe Euer Gnaden
den Namen nicht verheimlicht.

MARSCHALLIN

Natürlich! Wo hab' ich meinen Kopf?
Bloß die Famili ist mir nicht bekannt. Sind's keine
Hiesigen?

OCTAVIAN
(macht sich mit dem Servierbrett zu tun, wodurch er mehr
hinter den Rücken des Barons kommt)

BARON

Jawohl, Euer Gnaden, es sind Hiesige.
Ein durch die Gnade Ihrer Majestät Geadelter.
Er hat die Lieferung für die Armee, die in den
Niederlanden steht.

MARSCHALLIN
(bedeutet Octavian ungeduldig mit den Augen, er solle sich
fortmachen)

BARON
(mißversteht ihre Miene durchaus)

Ich seh', Euer Gnaden runzeln Dero schöne Stirn ob
der Mesalliance.

Allein daß ich es sag', das Mädchen ist für einen
Engel hübsch genug.
Kommt frischweg aus dem Kloster. Ist das einzige
Kind.
(stärker)
Dem Mann gehören zwölf Häuser auf der Wied'n
nebst dem Palais am Hof.
Und seine Gesundheit
(schmunzelnd)
soll nicht die beste sein.

MARSCHALLIN
Mein lieber Vetter, ich kapier' schon, wieviel's geschlagen hat.
(winkt Octavian, den Rückzug zu nehmen)

BARON
Und mit Verlaub von Euer fürstlichen Gnaden,
ich dünke mir, gut's adeliges Blut genug im Leib zu
haben für ihrer zwei:
man bleibt doch schließlich, was man ist, Corpo di
bacco!
Den Vortritt, wo er ihr gebührt, wird man der Frau
Gemahlin
noch zu verschaffen wissen, und was die Kinder an-
langt. wenn sie denen
den goldnen Schlüssel nicht konzedieren werden —
Va bene!
Sie werden sich mit den zwölf eisernen Schlüsseln
zu den zwölf Häusern auf der Wied'n zu getrösten
wissen.

MARSCHALLIN
Gewiß! O sicherlich, dem Vetter seine Kinder, die
werden keine Don Quixotten sein!

OCTAVIAN
(will mit dem Servierbrett rückwärts zur Tür hin)

BARON

Warum hinaus die Schokolade! Geruhen nur!
Da! Pst, wieso denn!

OCTAVIAN
(steht unschlüssig, das Gesicht abgewendet)

MARSCHALLIN

Fort, geh' Sie nur!

BARON

Wenn ich Euer Gnaden gesteh',
daß ich noch so gut wie nüchtern bin.

MARSCHALLIN
(resigniert)

Mariandl, komm' Sie her. Servier' Sie Seiner
Liebden.

OCTAVIAN
(kommt, serviert an der Rechten des Barons, so daß dieser
sich wieder zwischen der Marschallin und Octavian befindet)

BARON
(nimmt eine Tasse, bedient sich)

So gut wie nüchtern, Euer Gnaden. Sitz, im Reise-
wagen seit fünf Uhr früh.
Recht ein gestelltes Ding!
(zu Octavian)
Bleib' Sie dahier, mein Herz.
Ich hab' Ihr was zu sagen.
(zur Marschallin, laut)
Meine ganze Livree, Stallpagen, Jäger, alles —
(er frißt)
Alles unten im Hof zusamt meinem Altmosenier.

MARSCHALLIN
(zu Octavian)

Geh' Sie nur.

BARON
(zu Octavian)
Hat Sie noch ein Biskoterl? Bleib' Sie doch!
(leise)
Sie ist ein süßer Engelsschatz, ein sauberer.
(zur Marschallin)
Sind auf dem Wege zum „Weißen Roß", wo wir
logieren, heißt bis übermorgen —
(halblaut zu Octavian)
Ich gäb' was Schönes drum, mit Ihr —
(zur Marschallin, sehr laut)
bis übermorgen —
(schnell zu Octavian)
unter vier Augen zu scharmutzieren! Wie?

MARSCHALLIN
(muß lachen über Octavians freches Komödienspiel)

BARON
Dann ziehen wir ins Palais von Faninal.
Natürlich muß ich vorher den Bräutigamsaufführer —
(wütend zu Octavian)
will Sie denn nicht warten? —
an die wohlgeborne Jungfer Braut deputieren,
der die silberne Rosen überbringt
nach der hochadeligen Gepflogenheit.

MARSCHALLIN
Und wen von der Verwandtschaft haben Euer
Liebden
für dieses Ehrenamt ausersehn?

BARON

Die Begierde, darüber Euer Gnaden Ratschlag
einzuholen,
hat mich so kühn gemacht, in Reisekleidern bei Dero
heutigem Lever —

MARSCHALLIN

Von mir?

BARON

Gemäß brieflich in aller Devotion getaner Bitte.
Ich bin doch nicht so unglücklich, mit dieser devo-
testen Supplik Dero Mißfallen . . .
(lehnt sich zurück)
Sie könnte mit mir machen, was Sie wollte.
Sie hat das Zeug dazu!

MARSCHALLIN

Wie denn, natürlich!
Einen Aufführer
für Euer Liebden ersten Bräutigamsbesuch
aus der Verwandtschaft — wen denn nur?
den Vetter Jörger? Wie? Den Vetter Lamberg?
Ich werde —

BARON

Dies liegt in Euer Gnaden allerschönsten Händen.

MARSCHALLIN

Ganz gut. Will Er mit mir zu Abend essen, Vetter?
Sagen wir morgen, will Er? Dann proponier' ich
Ihm einen.

BARON

Euer Gnaden sind die Herablassung selber.

MARSCHALLIN
(will aufstehen)

Indes —

BARON
(halblaut)
Daß Sie mir wiederkommt! Ich geh' nicht eher fort!

MARSCHALLIN
(für sich)

Oho!

(laut)
Bleib' Sie nur da! Kann ich dem Vetter
für jetzt noch dienlich sein?

BARON
Ich schäme mich bereits:
An Euer Gnaden Notari eine Rekommandation
wär' mir lieb.
Es handelt sich um den Eh'vertrag.

MARSCHALLIN
Mein Notari kommt öfters des Morgens. Schau'
Sie doch, Mariandel,
ob er nicht in der Antichambre ist und wartet.

BARON
Wozu das Kammerzofel?
Euer Gnaden beraubt sich der Bedienung
um meinetwillen.
(hält sie auf)

MARSCHALLIN
Laß Er doch, Vetter, Sie mag ruhig gehn.

BARON
(lebhaft)
Das geb' ich nicht zu, bleib' Sie dahier zu Ihrer
Gnaden Wink.
Es kommt gleich wer von der Livree herein.
Ich ließ ein solches Goldkind, meiner Seel',
nicht unter das infame Lakaienvolk.
(streichelt sie)

MARSCHALLIN
Euer Liebden sind allzu besorgt.

HAUSHOFMEISTER
(tritt ein)

BARON
Da, hab' ich's nicht gesagt?
Er wird Euer Gnaden zu melden haben.

MARSCHALLIN
(zum Haushofmeister)
Struhan, hab' ich meinen Notari in der Vorkammer
warten?

HAUSHOFMEISTER
Fürstliche Gnaden haben den Notari,
dann den Verwalter, dann den Kuchelchef,
dann von Exzellenz Silva hergeschickt
ein Sänger mit einem Flötisten.
(trocken)
Ansonsten das gewöhnliche Bagagi.

BARON
(hat sein Sofa hinter den breiten Rücken des Haushofmeisters geschoben, ergreift zärtlich die Hand der vermeint-
lichen Zofe)
Hat Sie schon einmal
mit einem Kavalier im tête-à-tête
zu Abend g'essen?

OCTAVIAN
(tut sehr verlegen)

BARON
Nein? Da wird Sie Augen machen. Will Sie?

OCTAVIAN
(leise, verschämt)
Ich weiß halt nit, ob i dös derf.

MARSCHALLIN
(dem Haushofmeister unaufmerksam zuhörend, beobachtet
die beiden, muß leise lachen)

HAUSHOFMEISTER
(verneigt sich, tritt zurück, wodurch die Gruppe für den
Blick der Marschallin frei wird.)

MARSCHALLIN
(lachend zum Haushofmeister)
Warten lassen.
(Haushofmeister ab)

BARON
(setzt sich möglichst unbefangen zurecht und nimmt eine
gravitätische Miene an.)

MARSCHALLIN
(lachend)
Der Vetter ist, ich seh', kein Kostverächter.

BARON
(erleichtert)
Mit Euer Gnaden
(aufatmend)
ist man frei daran. Da gibt's keine Flausen, keine
Etikette,
keine spanische Tuerei!
(Er küßt der Marschallin die Hand.)

MARSCHALLIN
(amüsiert)
Aber wo Er doch ein Bräutigam ist?

BARON
(halb aufstehend, ihr genähert)
Macht das einen lahmen Esel aus mir?
Bin ich da nicht wie ein guter Hund auf einer guten
Fährte?
Und doppelt scharf auf jedes Wild: nach links, nach
rechts?

MARSCHALLIN
Ich seh', Euer Liebden betreiben es als Profession

BARON
Das will ich meinen.
Wüßte nicht, welche mir besser behagen könnte.
Ich muß Euer Gnaden sehr bedauern,
daß Euer Gnaden nur — wie drück' ich mich aus ——

die verteidigenden Erfahrungen besitzen.
Parole d'honneur! Es geht nichts über die von der
anderen Seite!

MARSCHALLIN
(lacht)
Ich glaube Ihm, daß die sehr mannigfaltig sind.

BARON
Soviel Zeiten das Jahr, soviel Stunden der Tag,
das ist keine —

MARSCHALLIN
Keine?

BARON
Wo nicht —

MARSCHALLIN
Wo nicht? —

BARON
Wo nicht dem Knaben Cupido
ein Geschenkerl abzulisten wär'!
Dafür ist man kein Auerhahn und kein Hirsch,
sondern ist man Herr der Schöpfung,
daß man nicht nach dem Kalender forciert ist, halten
zu Gnaden!
Zum Exempel, der Mai ist recht lieb für's verliebte
Geschäft,
das weiß jedes Kind,
aber ich sage:
(er erhebt sich völlig)
Schöner ist Juni, Juli, August.
Da hat's Nächte!
Da ist bei uns da droben so ein Zuzug

von jungen Mägden aus dem Böhmischen herüber
ihrer zwei, dreie halt' ich oft
bis im November mir im Haus.
Dann erst schick' ich sie heim!
Zur Ernte kommen sie und sind auch ansonsten an-
stellig und gut—
dann erst schick' ich sie heim. —
(schmunzelnd)
Und wie sich das mischt,
das junge, runde böhmische Völkel, schwer und süß,
mit denen im Wald und denen im Stall,
dem deutschen Schlag scharf und herb
wie ein Retzer Wein —
wie sich das mischen tut!
Und überall steht was und lauert und schielt durch
den Gattern,
und schleicht zueinander und liegt beieinander,
und überall singt was
und schupft seine Hüften
und melkt was
und mäht was
und plantscht und plätschert was im Bach und in
der Pferdeschwemm'.

MARSCHALLIN
(sehr amüsiert)
Und Er ist überall dahinter her?

BARON
Wollt', ich könnt' sein wie Jupiter selig in tausend
Gestalten!
Wär' Verwendung für jede!

MARSCHALLIN
Wie, auch für den Stier? So grob will Er sein?
Oder möchte Er die Wolken spielen und daher ge-
säuselt kommen
als ein Streiferl nasse Luft?

BARON

(sehr munter)

Je nachdem, all's je nachdem.
Das Frauenzimmer hat gar vielerlei Arten, wie es
will genommen sein
Da ist die demütige Magd.
Und da die trotzige Teufelskreatur,
haut dir die schwere Stalltür an den Schädel —
Und da ist, die kichernd und schluchzend den Kopf
verliert,
die hab' ich gern
und jener wieder, der sitzt im Aug' ein kalter, rech-
nender Satan.
Aber es kommt eine Stunde,
da flackert dieses lauernde Aug',
und der Satan,
indem er ersterbende Blicke dazwischen schießt,

(mit Gusto)

der würzt mir die Mahlzeit unvergleichlich.

MARSCHALLIN

Er selber ist einer, meiner Seel'!

BARON

Und wär' eine — haben die Gnad' — die keiner
anschaut:
Im schmutzigen Kittel schlumpt sie her,
hockt in der Asche hinterm Herd —
die, wo du sie angehst zum richtigen Stündl —
die hat's in sich!
Ein solches Staunen
gar nicht begreifen können
und Angst und Scham;
und auf die letzt' so eine rasende Seligkeit,
daß sich der Herr,
der gnädige Herr
herabgelassen gar zu ihrer Niedrigkeit!

MARSCHALLIN

Er weiß mehr als das Abc.

BARON

Da gibt es welche, die wollen beschlichen sein,
sanft, wie der Wind das frischgemähte Heu
beschleicht.
Und welche — da gilt's,
(auf Octavian zu, der schon früher das Servierbrett an den
Frühstückstisch zurückgestellt und sich während des Vor-
hergehenden dem Baron belustigt links vorne genähert hat)
wie ein Luchs hinterm Rücken heran
und den Melkstuhl gepackt,
daß sie taumelt und hinschlägt!
(behäbig schmunzelnd)
Darf halt kein Mensch in der Näh' nicht dabei sein

OCTAVIAN
(platzt lachend heraus)

MARSCHALLIN

Nein, Er agiert mir gar zu gut!
Laß Er mir doch das Kind!

BARON
(sehr ungeniert zu Octavian)
Weiß mich ins engste Versteck zu bequemen,
weiß im Alkoven galant mich zu nehmen.
Hätte Verwendung für tausend Gestalten,
tausend Jungfern festzuhalten.
Wäre mir keine zu junge, zu herbe,
keine zu niedrige, keine zu derbe!
Tät' mich für keinem Versteck nicht schämen,
seh' ich was Lieb's: ich muß mir's nehmen.

3) Der Rosenkavalier

OCTAVIAN
(sofort wieder in seiner Rolle)

Na, zu dem Herrn, da ging' i net,
da hätt' i an Respekt,
na, was mir da passieren könnt',
da wär' i gar zu g'schreckt.
I waß net, was er meint,
i waß net, was er will.
Aber was z'viel is, das is zuviel.
Na, was mir da passieren könnt'.
Das is ja net zum Sagen,
zu so an Herrn da ging' i net,
mir tat's die Red' verschlagen.
Da tät' sich unsereins mutwillig schaden:

(zur Marschallin)

I hab' so an Angst vor ihm, fürstliche Gnaden.

MARSCHALLIN

Nein, Er agiert mir gar zu gut!
Er ist ein Rechter! Er ist der Wahre!
Laß Er mir dort das Kind!
Er ist ganz, was die andern dreiviertel sind.
Wie ich Ihn so seh', so seh' ich hübsch viele.
Das sind halt die Spiele, die Euch konvenieren!
Und wir, Herr Gott! Wir leiden den Schaden,
wir leiden den Spott,
und wir haben's halt auch net anders verdient.
Und jetzt sackerlot,

(mit gespielter Strenge)

jetzt laß Er das Kind!

BARON
(läßt von Octavian ab und nimmt wieder würdevolle
Haltung an)

Geben mir Euer Gnaden den Grasaff' da
zu meiner künftigen Frau Gemahlin Bedienung.

MARSCHALLIN

Wie, meine Kleine da? Was sollte die?
Die Fräulein Braut wird schon versehen sein
und nicht versteh'n auf Euer Liebden Auswahl.

BARON

Das ist ein feines Ding! Kreuzsackerlot!
Da ist ein Tropfen guten Blut's dabei!

OCTAVIAN
(für sich)
Ein Tropfen guten Blut's!

MARSCHALLIN

Euer Liebden haben ein scharfes Auge!

BARON
(vertraulich)
Find' in der Ordnung, daß Personen von Stand
in solcher Weise von adeligem Blut bedient werden.
Führ' selbst ein Kind meiner Laune mit mir.

OCTAVIAN

Ein Kind Seiner Laune?

MARSCHALLIN

Wie? Gar ein Mädel? Das will ich nicht hoffen.

BARON

Nein, einen Sohn. Trägt lerchenauisches Gepräge
im Gesicht.
Halt' ihn als Leiblakai.
Wenn Euer Gnaden dann werden befehlen,
daß ich die silberne Rosen darf Dero Händen übergeben,
wird er es sein, der sie heraufbringt.

3•

MARSCHALLIN

Soll mich recht freuen. Aber wart' Er einmal.
(Octavian winkend)
Mariandel!

BARON

Geben mir Euer Gnaden das Zofel! Ich laß nicht
locker.

MARSCHALLIN

Ei! Geh' Sie und bring' Sie das Medaillon her.

OCTAVIAN
(leise)
Theres! Theres, gib acht!

MARSCHALLIN
(ebenso)
Bring's nur schnell! Ich weiß schon, was ich tu.

BARON
(Octavian nachsehend)
Könnt' eine junge Fürstin sein.
(dann, im Konversationston)
Hab' vor, meiner Braut eine getreue Kopie
meines Stammbaumes zu spendieren —
nebst einer Locke vom Ahnherrn Lerchenau, der ein
großer Klosterstifter war
und Oberst-Erblandhofmeister in Kärnten
und in der windischen Mark.

OCTAVIAN
(bringt das Medaillon aus dem Bettalkoven)

MARSCHALLIN

Wollen Euer Gnaden leicht den jungen Herrn da
als Bräutigamsaufführer haben?

BARON

Bin ungeschauter einverstanden!

MARSCHALLIN
(etwas zögernd)
Mein junger Vetter, der Graf Octavian.

BARON

Wüßte keinen vornehmeren zu wünschen!
Wär' in Devotion dem jungen Herrn sehr verbunden!

MARSCHALLIN
(schnell)
Seh' Er ihn an!
(hält ihm das Medaillon hin)

BARON
(sieht bald auf das Medaillon, bald auf die Zofe)
Die Ähnlichkeit!

MARSCHALLIN

Ja, ja.

BARON

Aus dem Gesicht geschnitten!

MARSCHALLIN

Hab' mir auch schon Gedanken gemacht.
(auf das Medaillon deutend)
Rofrano, des Herrn Marchese zweiter Bruder.

BARON

Octavian Rofrano! Da ist man wer, wenn man
aus solchem Haus,
(mit Beziehung auf die Zofe)
und wär's auch bei der Domestikentür!

MARSCHALLIN

Darum halt' ich sie auch wie was Besonderes

BARON

Geziemt sich.

MARSCHALLIN

Immer um meine Person.

BARON

Sehr wohl.

MARSCHALLIN

Jetzt aber geh' Sie, Mariandel, mach' Sie fort

BARON

Wie denn? Sie kommt doch wieder.

MARSCHALLIN
(überhört den Baron absichtlich)
Und laß Sie die Antichambre herein.

OCTAVIAN
(geht gegen die Flügeltür rechts)

BARON
(ihm nach)
Mein schönstes Kind!

OCTAVIAN

(an der Tür rechts)

Derft's eina geh'!

(läuft nach der andern Tür)

BARON

(ihm nach)

Ich bin Ihr Serviteur! Geb' Sie doch einen Augenblick Audienz!

OCTAVIAN

(schlägt ihm die kleine Tür vor der Nase zu)

I komm' glei.

(In diesem Augenblick tritt eine alte Kammerfrau, die
Waschbecken, Kanne und Handtuch trägt, durch die gleiche
Türe ein. Der Baron zieht sich enttäuscht zurück. Zwei
Lakaien kommen von rechts herein, bringen einen Wandschirm aus dem Alkoven. Die Marschallin tritt hinter den
Wandschirm, die alte Kammerfrau mit ihr, zwei Lakaien
tragen den Sessel und den Frisiertisch nach vorne in die
Mitte. Zwei Lakaien öffnen die Flügeltüren rechts. Es treten
ein der Notar, der Küchenchef, hinter diesen ein Küchen-
junge, der das Menübuch trägt. Dann die Modistin, ein Gelehrter mit einem Folianten und der Tierhändler mit winzig
kleinen Hunden und einem Äffchen. Valzacchi und Annina,
hinter diesen rasch gleitend, nehmen den vordersten Platz
links ein, die adelige Mutter mit ihren drei Töchtern, alle
in Trauer, stellen sich in den rechten Flügel. Der Haushofmeister führt den Tenor und den Flötisten nach vorne.
Baron rückwärts winkt einen Lakaien zu sich, gibt ihm
den Auftrag, zeigt: „Hier durch die Hintertür".)

DIE DREI ADELIGEN TÖCHTER

(schreiend)

Drei arme adelige Waisen —

DIE ADELIGE MUTTER

(bedeutet ihnen, nicht so zu schreien und niederzuknien)

DIE DREI WAISEN
(niederkniend)
Drei arme adelige Waisen
erflehen Dero hohen Schutz!

MODISTIN
(laut)
Le chapeau Paméla! La poudre à la reine de
Golconde!

DER TIERHÄNDLER
Schöne Affen, wenn Durchlaucht schaffen,
auch Vögel hab' ich da aus Afrika.

DIE DREI WAISEN
Der Vater ist jung auf dem Felde der Ehre gefallen,
ihm dieses nachzutun, ist unser Herzensziel.

MODISTIN
Le chapeau Paméla! C'est la merveille du monde!

DER TIERHÄNDLER
Papageien hätt' ich da,
aus Indien und Afrika.
Hunderln, so klein
und schon zimmerrein.
(Marschallin tritt hervor, alles verneigt sich. Baron ist links
vorgekommen.)

MARSCHALLIN
(zum Baron)
Ich präsentier' Euer Liebden hier den Notar.
(Notar tritt mit Verneigung gegen den Frisiertisch, wo sich
die Marschallin niedergelassen, zum Baron links. Mar-

schallin winkt die jüngste der drei Waisen zu sich, läßt sich
vom Haushofmeister einen Geldbeutel reichen, gibt ihn
dem Mädchen, indem sie es auf die Stirn küßt. Gelehrter
will vortreten, seine Folianten überreichen, Valzacchi
springt vor, drängt ihn zur Seite.)

VALZACCHI
(ein schwarzgerändertes Zeitungsblatt hervorziehend)
Die swarze Seitung! Fürstlike Gnade!
Alles 'ier ge'eim gesrieben!
Nur für 'ohe Persönlikeite.
Die swarze Seitung!
Eine Leikname in 'Interkammer
von eine gräflike Palais!
Eine Bürgersfrau mit der amante
vergiften der Hehemann
diese Nackt um dreie Huhr!

MARSCHALLIN
Laß er mich mit dem Tratsch in Ruh'!

VALZACCHI
In Gnaden!
Tutte quante Vertraulikeite
aus die große Welt!

MARSCHALLIN
Ich will nix wissen! Laß er mich mit dem Tratsch
in Ruh'!

VALZACCHI
(mit bedauernder Verbeugung springt zurück)

DIE DREI WAISEN
(zuletzt auch die Mutter, haben der Marschallin
die Hand geküßt)
Glück und Segen allerwegen Euer Gnaden hohem
Sinn!
Eingegraben steht erhaben er in unsern Herzen drin.
(gehen ab samt der Mutter)

(Der Friseur tritt hastig auf, der Gehilfe stürzt ihm mit
fliegenden Rockschößen nach. Der Friseur faßt die Marschallin ins Auge, verdüstert sich, tritt zurück, er studiert
ihr heutiges Aussehen. Der Gehilfe indessen packt aus am
Frisiertisch. Der Friseur schiebt einige Personen zurück,
sich Spielraum zu schaffen. Nach einer kurzen Überlegung
ist sein Plan gefaßt, er eilt mit Entschlossenheit auf die
Marschallin zu, beginnt zu frisieren. Ein Läufer in Rosa,
Schwarz und Silber tritt auf, überbringt ein Billett. Haushofmeister mit Silbertablett ist schnell zur Hand, präsentiert es der Marschallin. Friseur hält inne, sie lesen zu
lassen. Gehilfe reicht ihm ein neues Eisen. Friseur schwenkt
es: ist zu heiß. Gehilfe reicht ihm nach fragendem Blick auf
die Marschallin das Billett, die nickt, worauf er es lächelnd
verwendet, um das Eisen zu kühlen. Gleichzeitig hat sich
der Sänger in Position gestellt, hält das Notenblatt. Flötist
sieht ihm, begleitend, über die Schultern. Die Lakaien haben
rechts ganz vorne Stellung genommen, andere stehen
im Hintergrund.)

DER TENOR

Di rigori armato il seno
Contro amor mi ribellai
Ma fui vinto in un baleno
In mirar due vaghi rai.
Ahi! che resiste puoco
Cor di gelo a stral di fuoco.

(Der Friseur übergibt dem Gehilfen das Eisen und applau-
diert dem Sänger. Dann fährt er im Arrangement des
Lockenbaues fort. Ein Bedienter hat indessen bei der kleinen
Tür den Kammerdiener des Barons, den Almosenier und
den Jäger eingelassen. Es sind drei bedenkliche Gestalten.
Der Kammerdiener ist ein junger großer Lümmel, der
dumm und frech aussieht. Er trägt unterm Arm ein Futteral
aus rotem Saffian. Der Almosenier ist ein verwilderter
Dorfkooperator, ein vier Schuh hoher, aber stark und ver-
wegen aussehender Gnom. Der Leibjäger mag, bevor er
in die schlechtsitzende Livree gesteckt wurde, Mist geführt
haben. Der Almosenier und der Kammerdiener scheinen
sich um den Vortritt zu streiten und steigen einander auf
die Füße. Sie steuern längs der linken Seite auf ihren Herrn
zu, in dessen Nähe sie haltmachen.)

BARON

(auf dem Fauteuil links ganz vorne zum Notar, der vor ihm
steht, seine Weisungen entgegennimmt. Halblaut)

Als Morgengabe — ganz separatim jedoch —
und v o r der Mitgift — bin ich verstanden, Herr
Notar? —
kehrt Schloß und Herrschaft Gaunersdorf an mich
zurück!
Von Lasten frei und ungemindert an Privilegier
so wie mein Vater selig sie besessen hat.

NOTAR

(kurzatmig)

Gestatten hochfreiherrliche Gnaden die submis-
seste Belehrung,
daß eine Morgengabe wohl vom Gatten an die Gattin,
nicht aber von der Gattin an den Gatten
(tief aufatmend)
bestellt oder stipuliert zu werden, fähig ist.

BARON

Das mag wohl sein.

NOTAR

Dem ist so —

BARON

Aber im besondern Fall —

NOTAR

Die Formen und die Präskriptionen kennen keinen
Unterschied.

BARON

(schreit)

Haben ihn aber zu kennen!

NOTAR

(erschrocken)

In Gnaden!

BARON

(wieder leise, aber eindringlich und voll hohen Selbstgefühles)

Wenn eines hochadeligen Blutes blühender Sproß
sich herabläßt
im Ehebette einer so gut als bürgerlichen Mamsell
Faninal
— bin ich verstanden? — acte de présence zu machen
vor Gott und der Welt und sozusagen
angesichts kaiserlicher Majestät —

DER FLÖTIST

(beginnt wieder zu präludieren)

BARON

Da wird, corpo di Bacco! von Morgengabe
als geziemendem Geschenk dankbarer Devotion
für die Hingab' so hohen Blutes
sehr wohl die Rede sein!

(Sänger macht Miene wieder anzufangen, wartet noch, bis
Baron still wird)

NOTAR

(zum Baron, leise)

Vielleicht, daß man die Sache separatim —

BARON

(leise)

Er ist ein schmählicher Pedant: als Morgengabe will
ich das Gütel!

NOTAR

(ebenso)

Als einen wohl verklausulierten Teil der Mitgift —

BARON
(halblaut)
Als Morgengabe! Geht das nicht in Seinen Schädel!

NOTAR
(ebenso)
Als eine Schenkung inter vivos oder —

BARON
(schlägt wütend auf den Tisch, schreiend)
Als Morgengabe!

DER SÄNGER
(während des Gesprächs der beiden)
Ma si caro è'l mio tormento
Dolce è si la piaga mia
Ch' il penare è mio contento
E'l sanarmi è tirannia
Ahi! Che resiste puoco —
Cor . . . . .
(Hier erhebt der Baron seine Stimme so, daß der Sänger jäh
abbricht, desgleichen die Flöte)

NOTAR
(zieht sich erschrocken in die Ecke zurück)

MARSCHALLIN
(winkt den Sänger zu sich, reicht ihm die Hand zum Kuß.)

SÄNGER NEBST FLÖTIST
(ziehen sich unter tiefen Verbeugungen zurück)

BARON
(tut, als ob nichts geschehen wäre, winkt dem Sänger leut-
selig zu, tritt dann zu seiner Dienerschaft, streicht dem Leiblakai die bäurisch in die Stirn gekämmten Haare hinaus;
geht dann, als suchte er jemand, zur kleinen Tür, öffnet sie,
spioniert hinaus, ärgert sich, daß die Zofe nicht zurück-
kommt; schnüffelt gegen's Bett, schüttelt den Kopf, kommt
dann wieder vor)

MARSCHALLIN

(sieht sich in dem Handspiegel, halblaut)

Mein lieber Hippolyte,
heut haben Sie ein altes Weib aus mir gemacht!

(Der Friseur mit Bestürzung wirft sich fieberhaft auf den
Lockenbau der Marschallin und verändert ihn aufs neue.
Das Gesicht der Marschallin bleibt traurig.)

MARSCHALLIN

(über die Schulter zum Haushofmeister)

Abtreten die Leut'!

(Die Lakaien, eine Kette bildend, schieben die aufwartenden
Personen zur Tür hinaus, die sie dann verschließen. Nur der
Gelehrte, vom Haushofmeister ihr zugeführt, bleibt noch im
Gespräch mit der Marschallin, bis zum Schluß des Inter-
mezzos zwischen Valzacchi, Annina und dem Baron. Valzacchi, hinter ihm Annina, haben sich im Rücken aller rings
um die Bühne zum Baron hinübergeschlichen und präsentieren sich ihm mit übertriebener Devotion.)

VALZACCHI

(zum Baron)

Ihre Gnade sukt etwas. Ik seh,
Ihr Gnade at eine Bedürfnis.
Ik kann dienen. Ik kann besorgen.

BARON

(tritt zurück)

Wer ist Er, was weiß Er?

VALZACCHI

Ihr Gnade Gesikt sprikt ohne Sunge.
Wie ein Hantike: come statua di Giove.

BARON

Das ist ein besserer Mensch.

VALZACCHI

Erlaukte Gnade, attachieren uns an Sein Gefolge
(fällt auf die Knie, desgleichen Annina)

BARON

Euch?

VALZACCHI

Onkel und Nikte.
Su sweien maken alles besser.
Per esempio: Ihre Gnade at eine junge Frau —

BARON

Woher weiß Er denn das, Er Teufel Er?

VALZACCHI

(eifrig)

Ihre Gnade ist in Eifersukt: dico per dire
Eut oder morgen könnte sein. Affare nostro!   *our business*
Jede Sritt die Dame sie tut,   *every step*
jede Wagen die Dame steigt,
jede Brief die Dame bekommt —
wir sind da!
An die Ecke, in die Kamin, 'inter die Bette --
in eine Schranke, unter die Dache,
wir sind da!

ANNINA

Ihre Gnaden wird nicht bedauern!
(halten ihm die Hände hin, Geld heischend, er tut, als be-
merke er es nicht)

BARON

(halblaut)

Hm! Was es alles gibt in diesem Wien?
Zur Probe nur: kennt Sie die Jungfer Mariandel?

— 42 —

ANNINA
(ebenso)

Mariandel?

BARON
(ebenso)

Das Zofel hier im Haus bei Ihrer Gnaden?

VALZACCHI
(leise zu Annina)

Sai tu, cosa vuole? *Weisst du, was er will*

ANNINA
(ebenso)

(In Italian: we don't know) Niente *gar nicht*

VALZACCHI
(zum Baron)

(in German of course!) Sicker! Sicker! Mein Nickte wird besorgen.
Seien sicker, Ihre Gnade? Wir sind da!
(Hält abermals die Hand hin, Baron tut, als sähe er es nicht.
Marschallin ist aufgestanden. Friseur nach tiefer Verbeu-
gung eilt ab. Gehilfe hinter ihm.)

BARON
(die beiden Italiener stehen lassend, auf die Marschallin zu)

Darf ich das Gegenstück
(diskret)

zu Dero sauberm Kammerzoferl präsentieren?
(selbstgefällig)

Die Ähnlichkeit soll, hör' ich, unverkennbar sein.

MARSCHALLIN
(nickt)

BARON

Leupold, das Futteral.
(Der junge Kammerlakai präsentiert linkisch das Futteral)

MARSCHALLIN
(ein bißchen lachend)
Ich gratulier' Euer Liebden sehr.

BARON
(nimmt dem Burschen das Futteral aus der Hand und winkt
ihm zurückzutreten)
Und da ist nun die silberne Rosen!
(will's aufmachen)

MARSCHALLIN
Lassen nur drinnen.
Haben die Gnad' und stellen's dort hin.

BARON
Vielleicht das Zofel soll's übernehmen?
Ruft man ihr?

MARSCHALLIN
Nein, lassen nur. Die hat jetzt keine Zeit.
Doch sei Er sicher: den Grafen Octavian bitt' ich
Ihm auf,
er wird's mir zulieb schon tun
und als Euer Liebden Kavalier
vorfahren mit der Rosen bei der Jungfer Braut.
(leichthin)
Stellen indes nur hin.
Und jetzt, Herr Vetter, sag' ich Ihm Adieu.
Man retiriert sich jetzt von hier:
Ich werd' jetzt in die Kirchen gehn.
(Lakaien öffnen die Flügeltür)

BARON
Euer Gnaden haben heut
durch unversiegte Huld mich tiefst beschämt.

4) Der Rosenkavalier

(Macht die Reverenz; entfernt sich unter Zeremoniell. Der Notar hinter ihm, auf seinen Wink. Seine drei Leute hinter diesem, in mangelhafter Haltung. Die beiden Italiener lautlos und geschmeidig, schließen sich unbemerkt an. Lakaien schließen die Tür. Haushofmeister tritt ab. Marschallin allein.)

MARSCHALLIN

(allein)

Da geht er hin, der aufgeblasene schlechte Kerl,
und kriegt das hübsche junge Ding und einen Pinkel
Geld dazu.

(seufzend)

Als müßt's so sein.
Und bildet sich noch ein, daß er es ist, der sich
was vergibt.
Was erzürn' ich mich denn? Ist doch der Lauf der
Welt.
Kann mich auch an ein Mädel erinnern,
die frisch aus dem Kloster ist in den heiligen Ehe-
stand kommandiert word'n.

(nimmt den Handspiegel)

Wo ist die jetzt? Ja,

(seufzend)

such' dir den Schnee vom vergangenen Jahr!
Das sag' ich so:

(ruhig)

Aber wie kann das wirklich sein,
daß ich die kleine Resi war
und daß ich auch einmal die alte Frau sein werd?
Die alte Frau, die alte Marschallin!
„Siegst es, da geht's, die alte Fürstin Resi!"
Wie kann denn das geschehen?
Wie macht denn das der liebe Gott?
Wo ich doch immer die gleiche bin.
Und wenn er's schon so machen muß,
warum läßt er mich denn zuschaun dabei

mit gar so klarem Sinn! Warum versteckt er's nicht
vor mir?
Das alles ist geheim, so viel geheim.
Und man ist dazu da, (seufzend) daß man's ertragt.
Und in dem „Wie"
(sehr ruhig) *cant do anything*
da liegt der ganze Unterschied —

OCTAVIAN
(tritt von rechts ein, in einem Morgenanzug mit Reitstiefeln)

MARSCHALLIN
(ruhig, mit halbem Lächeln)
Ach, du bist wieder da!

OCTAVIAN
(zärtlich)
Und du bist traurig!

MARSCHALLIN
Es ist ja schon vorbei. Du weißt ja, wie ich bin.
Ein halb Mal lustig, ein halb Mal traurig.
Ich kann halt meinen Gedanken nicht kommandier'n.

OCTAVIAN
Ich weiß, warum du traurig bist, du Schatz.
Weil du erschrocken bist und Angst gehabt hast.
Hab' ich nicht recht? Gesteh' mir nur:
du hast Angst gehabt,
du Süße, du Liebe,
um mich, um mich!

MARSCHALLIN
Ein bissel vielleicht,
aber ich hab' mich erfangen und hab' mir vorgesagt:
Es wird schon nicht dafür stehn.
Und wär's dafür gestanden?

4*

OCTAVIAN
(heiter)

Und es war kein Feldmarschall,
nur ein spaßiger Herr Vetter, und du gehörst mir,
du gehörst mir!

MARSCHALLIN
(erhebt sich, ihn abwehrend)

Taverl, umarm' Er nicht zu viel.
Wer allzuviel umarmt, der hält nichts fest.

OCTAVIAN
(leidenschaftlich)

Sag', daß du mir gehörst! Mir!

MARSCHALLIN

Oh, sei Er jetzt sanft, sei Er gescheit und sanft
und gut.

OCTAVIAN
(will lebhaft erwidern)

MARSCHALLIN

Nein, bitt' schön, sei Er nicht, wie alle Männer sind!

OCTAVIAN
(mißtrauisch auffahrend)

Wie alle Männer?

MARSCHALLIN
(schnell gefaßt)

Wie der Feldmarschall und der Vetter Ochs.

OCTAVIAN
(nicht dabei beruhigt)

Bichette!

MARSCHALLIN
(mit Nachdruck)
Sei Er nur nicht, wie alle Männer sind.

OCTAVIAN
(zornig)
Ich weiß nicht, wie alle Männer sind.
(plötzlich sanft)
Weiß nur, daß ich dich lieb hab',
Bichette, sie haben mir dich ausgetauscht,
Bichette, wo ist Sie denn!

MARSCHALLIN
(ruhig)
Sie ist wohl da, Herr Schatz.

OCTAVIAN
Ja, ist Sie da? Dann will ich Sie halten,
daß Sie mir nicht wieder entkommt!
(leidenschaftlich)
Packen will ich Sie, packen, daß
Sie es spürt, zu wem Sie gehört —
zu mir! Denn ich bin Ihr und Sie ist mein!

MARSCHALLIN
(sich ihm entwindend)
Oh, sei Er gut, Quinquin. Mir ist zumut,
daß ich die Schwäche von allem Zeitlichen recht
spüren muß,

bis in mein Herz hinein,
wie man nichts halten soll,
wie man nichts packen kann,
wie alles zerlauft zwischen den Fingern,
alles sich auflöst, wonach wir greifen,
alles zergeht wie Dunst und Traum.

OCTAVIAN

Mein Gott, wie Sie das sagt.
Sie will mir doch nur zeigen, daß Sie nicht an mir
hängt.
(die Tränen kommen ihm)

MARSCHALLIN

Sei Er doch gut, Quinquin!

OCTAVIAN
(weint stärker)

MARSCHALLIN

Jetzt muß ich noch den Buben dafür trösten,
Daß er mich über kurz oder lang wird sitzen lassen.
(sie streichelt ihn)

OCTAVIAN

Über kurz oder lang?
(heftig)
Wer legt Ihr heute die Wörter in den Mund, Bichette?

MARSCHALLIN

Daß Ihn das Wort so kränkt!

OCTAVIAN
(hält sich die Ohren zu)

MARSCHALLIN

Die Zeit im Grund, Quinquin,
Die Zeit, die ändert doch nichts an den Sachen.
Die Zeit, die ist ein sonderbar Ding.
Wenn man so hinlebt, ist sie rein gar nichts.
Aber dann auf einmal, da spürt man nichts als sie.
Sie ist um uns herum, sie ist auch in uns drinnen.
In den Gesichtern rieselt sie,   be present
im Spiegel da rieselt sie,
in meinen Schläfen fließt sie.
Und zwischen mir und dir
da fließt sie wieder, lautlos, wie eine Sanduhr.
(warm)
Oh, Quinquin! Manchmal hör' ich sie fließen —
unaufhaltsam. doesn't stop, continuing
(leise)
Manchmal steh' ich auf mitten in der Nacht
und laß die Uhren alle, alle stehn.
Allein man muß sich auch vor ihr nicht fürchten.
Auch sie ist ein Geschöpf des Vaters, der uns alle
erschaffen hat.

OCTAVIAN
(mit ruhiger Zärtlichkeit)
Mein schöner Schatz, will Sie sich traurig machen
mit Gewalt?
Wo Sie mich da hat,
wo ich meine Finger in Ihre Finger schlinge,
wo ich mit meinen Augen Ihre Augen suche,
Wo Sie mich hat —
gerade da ist Ihr so zumut?

MARSCHALLIN
(sehr ernst)
Quinquin, heut oder morgen geht Er hin,
und gibt mich auf um einer andern willen,

(etwas zögernd)
die schöner oder jünger ist als ich.

OCTAVIAN

Willst du mit Worten mich von dir stoßen,
weil dir die Hände den Dienst nicht tun?

MARSCHALLIN
(ruhig)
Der Tag kommt ganz von selber.
Heut oder morgen kommt der Tag, Octavian.

OCTAVIAN

Nicht heut, nicht morgen! ich hab' dich lieb.
Nicht heut, nicht morgen!
Wenn's so einen Tag geben muß, i denk' ihn nicht!
So einen häßlichen Tag!
Ich will den Tag nicht sehn.
Ich will den Tag nicht denken.
Was quälst du dich und mich, Theres'?

MARSCHALLIN

Heut oder morgen oder den übernächsten Tag.
Nicht quälen will ich dich, mein Schatz.
Ich sag' was wahr ist, sag's zu mir so gut als zu dir.
Leicht will ich's machen dir und mir.
Leicht muß man sein,
mit leichtem Herz und leichten Händen
halten und nehmen, halten und lassen . . .
Die nicht so sind, die straft das Leben, und Gott er-
barmt sich ihrer nicht.

OCTAVIAN

Sie spricht ja heute wie ein Pater.
Soll das heißen, daß ich Sie nie mehr
werd' küssen dürfen, bis Ihr der Atem ausgeht?

MARSCHALLIN
(sanft)

Quinquin, Er soll jetzt gehn, Er soll mich lassen
Ich werd' jetzt in die Kirchen gehn,
und später fahr' ich zum Onkel Greifenklau,
der alt und gelähmt ist,
und ess' mit ihm: das freut den alten Mann.
Und Nachmittag werd' ich Ihm einen Laufer schicken,
Quinquin, und sagen lassen,
ob ich in' Prater fahr'.
Und wenn ich fahr'
und Er hat Lust,
so wird Er auch in' Prater kommen
und neben meinem Wagen reiten.
Jetzt sei Er gut und folg' Er mir.

OCTAVIAN
(leise)

Wie Sie befiehlt, Bichette.
(Er geht. Eine Pause.)

MARSCHALLIN
(allein, fährt leidenschaftlich auf)
Ich hab' ihn nicht einmal geküßt.
(Sie klingelt heftig. Lakaien kommen von rechts.)

MARSCHALLIN

Lauft's dem Herrn Grafen nach
und bittet's ihn noch auf ein Wort herauf.

LAKAIEN
(schnell ab)

MARSCHALLIN

Ich hab' ihn fortgehn lassen und ihn nicht einmal
geküßt!
(Sie sinkt auf den Sessel am Frisiertisch. Die Lakaien
kommen zurück außer Atem.)

ERSTER LAKAI

Der Herr Graf sind auf und davon.

ZWEITER LAKAI

Gleich beim Tor sind aufgesessen.

DRITTER LAKAI

Reitknecht hat gewartet.

VIERTER LAKAI

Gleich beim Tor sind aufgesessen wie der Wind.

ERSTER LAKAI

Waren um die Ecken wie der Wind.

ZWEITER LAKAI

Sind nachgelaufen.

DRITTER LAKAI

Wie haben wir geschrien.

VIERTER LAKAI

War umsonst.

ERSTER LAKAI

Waren um die Ecken wie der Wind.

MARSCHALLIN

Es ist gut, geht's nur wieder.

(Die Lakaien ziehen sich zurück.)

MARSCHALLIN
(ruft nach)

Den Mohammed!
(der kleine Neger herein, klingelnd, verneigt sich)

MARSCHALLIN

Das da trag'.

NEGER
(nimmt eifrig das Saffianfutteral)

MARSCHALLIN

Weißt ja nicht wohin. Zum Grafen Octavian.
Gib's ab und sag':
Da drin ist die silberne Ros'n.
Der Herr Graf weiß ohnehin.
(Der Neger läuft ab.)

MARSCHALLIN
(stützt den Kopf auf die Hand und bleibt so während des
ganzen Nachspiels)

ZWEITER AUFZUG

Saal bei Herrn von Faninal. Mitteltüre nach dem Vorsaal.
Tür links. Rechts ein großes Fenster. Stühle an der Wand.
In den Ecken jederseits große Kamine. Zu beiden Seiten der
Mitteltüre je ein Lakai.

FANINAL
(im Begriffe, von Sophie Abschied zu nehmen)

Ein ernster Tag, ein großer Tag!
Ein Ehrentag, ein heiliger Tag!

SOPHIE
(küßt ihm die Hand)

MARIANNE

Der Josef fahrt vor mit der neuen Kaross',
hat himmelblaue Vorhäng'
vier Apfelschimmel sind dran.

HAUSHOFMEISTER
(nicht ohne Vertraulichkeit zu Faninal)

Ist höchste Zeit, daß Euer Gnaden fahren.
Der hochadelige Bräutigamsvater,
sagt die Schicklichkeit,
muß ausgefahren sein,

bevor der silberne Rosenkavalier vorfahrt.
Wär' nicht geziemend,
daß sie sich vor der Tür begegneten.
(Lakaien öffnen die Tür)

FANINAL

In Gottes Namen. Wenn ich wiederkomm',
so führ' ich deinen Herrn Zukünftigen bei der Hand.

MARIANNE

Den edlen und gestrengen Herrn von Lerchenau!

FANINAL
(geht)

SOPHIE
(vorgehend, allein, indessen Marianne am Fenster)

MARIANNE

Jetzt steigt er ein. Der Xaver und der Anton sprin-
gen hinten auf.
Der Stallpag' reicht dem Josef seine Peitsch'n.
Alle Fenster sind voller Leut'.

SOPHIE
(am Fenster)

In dieser feierlichen Stunde der Prüfung,
da du mich, o mein Schöpfer, über mein Verdienst
erhöhen
und in den heiligen Ehestand führen willst,
(sie hat große Mühe, gesammelt zu bleiben)
opfere ich dir in Demut, mein Herz in Demut auf.
Die Demut in mir zu erwecken,
muß ich mich demütigen.

MARIANNE

(sehr aufgeregt)

Die halbe Stadt ist auf die Füß'.

Aus dem Seminari schaun die Hochwürden von die
Balkoner.

Ein alter Mann sitzt oben auf der Latern'.

SOPHIE

(sammelt sich mühsam)

Demütigen und recht bedenken: die Sünde, die
Schuld, die Niedrigkeit, die Verlassenheit, die An-
fechtung!

Die Mutter ist tot und ich bin ganz allein.

Für mich selbst steh' ich ein.

Aber die Ehe ist ein heiliger Stand.

MARIANNE

(wie oben)

Er kommt, er kommt, in zwei Karossen.

Die erste ist vierspännig, die ist leer. In der zweiten,
sechsspännigen,

sitzt er selber, der Rosenkavalier.

SOPHIE

(wie oben)

Ich will mich niemals meines neuen Standes überheben —

(die Stimmen der Läufer zu dreien vor Octavians Wagen
unten auf der Gasse: Rofrano, Rofrano!)

— mich überheben

(sie hält es nicht aus)

Was rufen denn die?

MARIANNE

Den Namen vom Rosenkavalier und alle Namen
von deiner neuen fürstlich'n und gräflich'n Ver-
wandtschaft rufen's aus.
Jetzt rangieren sich die Bedienten.
Die Lakaien springen rückwärts ab!
(Die Stimmen der Läufer zu dreien näher:
Rofrano! Rofrano!)

SOPHIE

Werden sie mein' Bräutigam sein' Namen
auch so ausrufen, wenn er angefahren kommt!?
(Die Stimmen der Läufer dicht unter dem Fenster:
Rofrano! Rofrano!)

MARIANNE

Sie reißen den Schlag auf! Er steigt aus!
Ganz in Silberstück' ist er angelegt, von Kopf zu Fuß.
Wie ein heil'ger Engel schaut er aus.
(Sie schließt eilig das Fenster. Zwei Faninalsche Lakaien
haben schnell die Mitteltür aufgetan.)

SOPHIE

Herrgott im Himmel!
Ich weiß, der Stolz ist eine schwere Sünd'.
Aber jetzt kann ich mich nicht demütigen.
Jetzt geht's halt nicht!
Denn das ist ja so schön, so schön!

(Währenddem ist Octavians Dienerschaft in seinen Farben:
Weiß mit Blaßgrün rasch eingetreten. Die Lakaien, die Haiducken mit krummen ungarischen Säbeln an der Seite, die
Läufer in weißem sämischem Leder mit grünen Straußen-
federn. Dicht hinter diesen ein Neger, der Octavians Hut,
und ein anderer Lakai, der das Saffianfutteral für die sil-

berne Rose in beiden Händen trägt. Dann Octavian, die
Rose in der Rechten. Er geht mit adeligem Anstand auf
Sophie zu, aber sein Knabengesicht ist von seiner Schüchternheit gespannt und gerötet. Sophie ist vor Aufregung
über seine Erscheinung und die Zeremonie leichenblaß. Sie
stehen einander gegenüber, und machen sich wechselweise
durch ihre Verlegenheit und Schönheit noch verwirrter.)

OCTAVIAN
(etwas stockend)
Mir ist die Ehre widerfahren,
daß ich der hoch- und wohlgeborenen Jungfer Braut,
in meines Herrn Vetters Namen,
dessen zu Lerchenau,
die Rose seiner Liebe überreichen darf.

SOPHIE
(nimmt die Rose)
Ich bin Euer Liebden sehr verbunden. —
Ich bin Euer Liebden in aller Ewigkeit verbunden. —
(eine Pause der Verwirrung)

SOPHIE
(indem sie an der Rose riecht)
Hat einen starken Geruch. Wie Rosen, wie
lebendige.

OCTAVIAN
Ja, ist ein Tropfen persischen Rosenöls darein
getan.

SOPHIE
Wie himmlische, nicht irdische, wie Rosen
vom hochheiligen Paradies. Ist Ihm nicht auch?

OCTAVIAN

(neigt sich über die Rose, die sie ihm hinhält; dann richtet
er sich auf und sieht auf ihren Mund)

SOPHIE

Ist wie ein Gruß vom Himmel. Ist bereits zu stark,
als daß man's ertragen kann.
Zieht einen nach, als lägen Stricke um das Herz.

(leise)

Wo war ich schon einmal
und war so selig?

OCTAVIAN

(zugleich mit ihr wie unbewußt und noch leiser)

Wo war ich schon einmal
und war so selig?

SOPHIE

(mit Ausdruck)

Dahin muß ich zurück! und müßt' ich völlig sterben
auf dem Weg!
Allein ich sterb' ja nicht.
Das ist ja weit. Ist Zeit und Ewigkeit
in einem sel'gen Augenblick,
den will ich nie vergessen bis an meinen Tod.

OCTAVIAN

(zugleich mit ihr)

Ich war ein Bub',
da hab' ich die noch nicht gekannt.
Wer bin denn ich?
Wie komm' denn ich zu ihr?
Wie kommt denn sie zu mir?

5) Der Rosenkavalier

Wär' ich kein Mann, die Sinne möchten mir vergehn.
Das ist ein seliger Augenblick,
den will ich nie vergessen bis an meinen Tod.

(Indessen stand die Livree Octavians rückwärts regungslos.
Ebenso die Faninalschen Bedienten mit dem Haushofmeister. Der Lakai Octavians übergibt jetzt das Futteral an
Marianne. Sophie schüttelt ihre Versunkenheit ab und reicht
die Rose der Marianne, die sie ins Futteral schließt. Der
Lakai mit dem Hut tritt von rückwärts an Octavian heran
und reicht ihm den Hut. Die Livree Octavians tritt ab,
während gleichzeitig die Faninalschen Bedienten drei Stühle
in die Mitte tragen, zwei für Octavian und Sophie, einen
rück- und seitwärts für die Duenna. Zugleich trägt der Faninalsche Haushofmeister das Futteral mit der Rose durch
die Tür links ab. Sofort treten auch die Faninalschen Bedienten durch die Mitteltür ab. Sophie und Octavian stehen
einander gegenüber, einigermaßen zur gemeinen Welt
zurückgekehrt, aber befangen. Auf eine Handbewegung
Sophies nehmen sie beide Platz, desgleichen die Duenna,
im gleichen Augenblick, wo der Haushofmeister unsichtbar
die Tür links von außen zuschließt.)

SOPHIE

Ich kenn' Ihn schon recht wohl, mon cousin!

OCTAVIAN

Sie kennt mich, ma cousine?

SOPHIE

Ja, aus dem Buch, wo die Stammbäume drin sind,
dem Ehrenspiegel Österreichs.
Das nehm' ich immer abends mit ins Bett
und such' mir meine künftige Verwandtschaft drin
zusammen.

OCTAVIAN

Tut Sie das, ma cousine?

SOPHIE

Ich weiß, wie alt Euer Liebden sind:
Siebzehn Jahr' und zwei Monat'.
Ich weiß all Ihre Taufnamen: Octavian, Maria, Ehren-
reich,
Bonaventura, Fernand, Hyacinth.

OCTAVIAN

So gut weiß ich sie selber nicht einmal.

SOPHIE

Ich weiß noch was.
(errötet)

OCTAVIAN

Was weiß Sie noch, sag' Sie mir's, ma cousine.

SOPHIE
(ohne ihn anzusehen)
Quinquin.

OCTAVIAN
(lacht)
Weiß Sie den Namen auch?

SOPHIE

So nennen Ihn halt seine guten Freund'
und schöne Damen, denk' ich mir,
mit denen er recht gut ist.

(kleine Pause)

SOPHIE
(mit Naivität)
Ich freu' mich aufs Heiraten! Freut Er sich auch
darauf?
Oder hat Er leicht noch gar nicht dran gedacht,
mon cousin?
Denk' Er: Ist doch was andres als der ledige Stand.

OCTAVIAN
(leise, während sie spricht)
Wie schön sie ist!

SOPHIE
Freilich, Er ist ein Mann, da ist Er, was Er bleibt.
Ich aber brauch' erst einen Mann, daß ich was bin.
Dafür bin ich dem Mann dann auch gar sehr ver-
schuldet.

OCTAVIAN
(wie oben)
Mein Gott, wie schön und gut sie ist.
Sie macht mich ganz verwirrt.

SOPHIE
Und werd' ihm keine Schand' nicht machen
und meinen Rang und Vortritt.
Tät' eine, die sich besser dünkt als ich,
ihn mir bestreiten
bei einer Kindstauf' oder Leich',
so will ich, wenn es sein muß,
meiner Seel' ihr beweisen,
daß ich die Vornehmere bin
und lieber alles hinnehme
wie Kränkung oder Ungebühr.

OCTAVIAN
(lebhaft)
Wie kann Sie denn nur denken,
daß man Ihr mit Ungebühr begegnen wird,
da Sie doch immer die Schönste, die Allerschönste
sein wird.

SOPHIE
Lacht Er mich aus, mon cousin?

OCTAVIAN
Wie, glaubt Sie das von mir?

SOPHIE
Er darf mich auslachen, wenn Er will.
Von Ihm laß ich alles mir gerne geschehen,
weil mir nie noch ein junger Kavalier . . .
von Nähen oder Weitem also wohlgefallen hat
wie Er.
Jetzt aber kommt mein Herr Zukünftiger.

(Die Tür rückwärts geht auf. Alle drei erheben sich. Sophie
und Marianne treten nach rechts. Octavian nach links vorne.
Faninal führt den Baron zeremoniös über die Schwelle und
auf Sophie zu, indem er ihm den Vortritt läßt. Die Lerchenausche Livree folgt auf Schritt und Tritt: zuerst der
Almosenier mit dem Sohn und Leibkammerdiener. Dann
folgt der Leibjäger mit einem ähnlichen Lümmel, der ein
Pflaster über der eingeschlagenen Nase trägt, und noch
zwei von der gleichen Sorte, vom Rübenacker her in die
Livree gesteckt. Alle tragen wie ihr Herr Myrtensträußchen.
Die zwei Faninalschen Boten bleiben im Hintergrunde.)

FANINAL
Ich präsentiere Euer Gnaden Dero Zukünftige.

BARON
(macht die Reverenz, dann zu Faninal)

Deliziös! Mach' Ihm mein Kompliment.
(er küßt Sophie die Hand, gleichsam prüfend)

Ein feines Handgelenk. Darauf halt' ich gar viel.
Ist unter Bürgerlichen eine seltne Distinktion.

OCTAVIAN
(halblaut)

Es wird mir heiß und kalt.

FANINAL

Gestatten, daß ich die getreue Jungfer
Marianne Leitmetzerin —
(Mariannen präsentierend, die dreimal tief knickst)

BARON
(indem er unwillig abwinkt)

Laß Er das weg.
Begrüß' Er jetzt mit mir meinen Herrn Rosenkavalier.
(Er tritt mit Faninal auf Octavian zu, unter Reverenz, die
Octavian erwidert. Das Lerchenausche Gefolge kommt endlich zum Stillstand, nachdem es Sophie fast umgestoßen, und
retiriert sich um ein paar Schritte nach rechts rückwärts.)

SOPHIE
(mit Marianne rechtsstehend, halblaut)

Was sind das für Manieren? Ist er leicht ein Roß-
tauscher
und kommt ihm vor, er hätt' mich eingekauft?

MARIANNE
(ebenso)

Ein Kavalier hat halt ein ungezwungenes,
leutseliges Betragen.
Sag' dir vor, wer er ist
und zu was er dich macht,
so werden dir die Faxen gleich vergehn.

BARON
(während des Aufführens zu Faninal)

Ist gar zum Staunen, wie der junge Herr jemand
Gewissem ähnlich sieht.
Hat ein Bastardl, recht ein saubres, zur Schwester.
Ist kein Geheimnis unter Personen von Stand
Hab's aus der Fürstin eignem Mund,
und weil der Faninal sozusagen jetzo
zu der Verwandtschaft gehört!
Mach' dir kein Depit, darum Rofrano,
daß dein Vater ein Streichmacher war,
befindet sich dabei in guter Kompagnie, der selige
Marchese.
Ich selber exkludier' mich nicht.
(zu Faninal)
Seh', Liebden, schau' dir dort den Langen an,
den Blonden, hinten dort.
Ich will ihn nicht mit Fingern weisen,
aber er sticht wohl hervor
durch eine adelige Kontenance.
Ist auch er ein ganz besondrer Kerl.
Sag's nicht, weil ich der Vater bin,
hat's aber faustdick hinter den Ohren.

SOPHIE
(während dessen)

Jetzt läßt er mich so stehn, der grobe Ding
Und das ist mein Zukünftiger.
Und blattersteppig ist er auch, o mein Gott!

MARIANNE

Na, wenn er dir von vorn nicht g'fallt, du Jungfer
                                        Hochmut,
so schau' ihn dir von rückwärts an,
da wirst was sehn, was dir schon g'fallen wird.

SOPHIE

Möcht' wissen, was ich da schon sehen werd'.

MARIANNE
(ihr nachspottend)

Möcht' wissen, was sie da schon sehen wird.
Daß es ein kaiserlicher Kämmerer ist,
den dir dein Schutzpatron
als Herrn Gemahl spendiert hat.
Das kannst sehn mit einem Blick.

(Der Haushofmeister tritt verbindlich auf die Lerchenauschen Leute zu und führt sie ab. Desgleichen tritt die Faninalsche Livree ab bis auf zwei, welche Wein und Süßig-
keiten servieren.)

FANINAL
(zum Baron)

Belieben jetzt vielleicht? — ist ein alter Tokaier.
(Octavian und Baron bedienen sich)

BARON

Brav, Faninal, er weiß, was sich gehört.
Serviert einen alten Tokaier zu einem jungen Mädel.
Ich bin mit Ihm zufrieden.
(zu Octavian)
Mußt denen Bagatelladeligen immer zeigen,
daß nicht für unsersgleichen sich ansehen dürfen,
muß immer was von Herablassung dabei sein.

OCTAVIAN
(spitzig)

Ich muß deine Liebden sehr bewundern.
Hast wahrhaft große Weltmanieren.
Könntst einen Ambassadeur vorstellen heut wie
morgen.

BARON
(derb)

Ich hol' mir jetzt das Mädl her.
Soll uns jetzt Konversation vormachen,
damit ich seh', wie sie beschlagen ist.
(geht hinüber, nimmt Sophie bei der Hand, führt sie
mit sich)

BARON

Eh bien! Nun plauder' Sie uns eins, mir und dem
Vetter Taverl.
Sag' Sie heraus, auf was Sie sich halt in der Eh' am
meisten freut.
(setzt sich, will sie halb auf seinen Schoß ziehen)

SOPHIE
(entzieht sich ihm)

Wo denkt Er hin?

BARON
(behaglich)

Pah! Wo ich hindenk'! Komm' Sie da ganz nah
zu mir,
dann will ich Ihr erzählen, wo ich hindenk'.
(gleiches Spiel, Sophie entzieht sich ihm heftiger)

BARON
(behaglich)

Wär' Ihr leicht präferabel, daß man wegen Ihrer
den Zeremonienmeister sollt' hervortun?

Mit „mille pardons" und „devotion"
und „Geh da weg" und „hab Respekt"?

SOPHIE

Wahrhaftig und ja gefiele mir das besser!

BARON
(lachend)

Mir auch nicht! Das sieht Sie! Mir auch ganz und
gar nicht!
Bin einer biedern offenherzigen Galanterie recht
zugetan.
(Er macht Anstalt, sie zu küssen, sie wehrt sich energisch.)

FANINAL
(nachdem er Octavian den zweiten Stuhl angeboten hat,
den dieser ablehnt)

Wie ist mir denn! Da sitzt ein Lerchenau
und karessiert in Ehrbarkeit mein Sopherl, als wär'
sie ihm schon angetraut.
Und da steht ein Rofrano, grad' als müßt's so sein —
Ein Graf Rofrano, sonsten nix —
der Bruder vom Marchese Obersttruchseß.

OCTAVIAN
(zornig für sich)

Das ist ein Kerl, dem möcht' ich wo begegnen
mit meinem Degen da,
wo ihn kein Wächter schreien hört.
Ja, das ist alles, was ich möcht'.

SOPHIE
(zum Baron)

Ei, laß Er doch, wir sind nicht so vertraut!

BARON
(zu Sophie)

Geniert Sie sich leicht vor dem Vetter Taverl?
Da hat Sie unrecht.
In der großen Welt,
wo doch die hohe Schul' is für Manieren,
da gibt's frei nichts,
was man nicht willig pardonnieren tät',
wenn's nur mit einer adligen Noblesse
und richtigen Galanterie vollführet wird.
(Er wird immer zärtlicher, sie weiß sich kaum zu helfen.)

FANINAL
(für sich)

Wär' nur die Mauer da von Glas,
daß alle bürgerlichen Neidhammeln von Wien uns
könnten
so en famille beisammen so sitzen sehn!
Dafür wollt' ich mein Lerchenfelder Eckhaus geben,
meiner Seel'!

OCTAVIAN
(wütend)

Daß ich das Mannsbild sehen muß,
so frech, so unverschämt mit ihr.
Ich büß' all meine Sünden ab!
Könnt' ich hinaus und fort von hier!

BARON
(zu Sophie)

Laß Sie die Flausen nur! Gehört doch jetzo mir!
(halb für sich, sie kajolierend)

Ganz meine Massen! Schultern wie ein Henderl!
Geht all's recht! Sei Sie gut! Geht alles so wie am
Schnürl!
Hundsmager noch — das macht nichts, aber weiß
mit einem Glanz darauf, wie ich ihn ästimier'!
Ich hab' halt ja ein lerchenauisch Glück!

SOPHIE
(reißt sich los und stampft auf)

BARON
(vergnügt)
Ist Sie ein rechter Kapricenschädel.
(auf und ihr nach)
Steigt Ihr das Blut gar in die Wangen,
daß man sich die Hand verbrennt?

SOPHIE
(rot und blaß vor Zorn)
Laß Er die Hand davon!

OCTAVIAN
(in stummer Wut, zerdrückt das Glas, das er in der Hand
hält, und schmeißt die Scherben zu Boden)

DUENNA
(läuft mit Grazie zu Octavian hinüber, hebt die Scherben auf
und raunt ihm mit Entzücken zu)
Ist recht ein familiärer Mann, der Herr Baron!
Man delektiert sich, was er all's für Einfäll' hat!

BARON
(dicht bei Sophie)
Geht mir nichts drüber!
Könnt' mich mit Schmachterei und Zärtlichkeit
nicht halb so glücklich machen, meiner Seel'!

SOPHIE
(scharf, ihm ins Gesicht)
Ich denk' nicht dran, daß ich Ihn glücklich mach'!

BARON

(gemütlich)

Sie wird es tun, ob Sie daran wird denken oder
nicht.

OCTAVIAN

(für sich, blaß vor Zorn)

Hinaus! Hinaus! und kein Adieu!
Sonst steh' ich nicht dafür,
daß ich nicht was Verwirrtes tu'!
Hinaus aus diesen Stuben! Nur hinaus!

(Indessen ist der Notar mit dem Schreiber eingetreten, ein-
geführt durch Faninals Haushofmeister. Dieser meldet
ihn dem Herrn von Faninal leise; Faninal geht zum Notar
nach rückwärts hin, spricht mit ihm und sieht einen vom
Schreiber vorgehaltenen Aktenfaszikel durch.)

SOPHIE

(zwischen den Zähnen)

Hat nie kein Mann dergleichen Reden nicht zu
mir geführt!
Möcht' wissen, was ihm dünkt von mir und Ihm?
Was ist Er denn zu mir?

BARON

(gemütlich)

Wird kommen über Nacht,
daß Sie ganz sanft
wird wissen, was ich bin zu Ihr.
Ganz wie's im Liedel heißt — kennt Sie das Liedel?
Lalalalala —

(recht gefühlvoll)

Wie ich dein alles werde sein!
Mit mir, mit mir keine Kammer dir zu klein,
ohne mich, ohne mich jeder Tag dir so bang,

(frech und plump)

mit mir, mit mir keine Nacht dir zu lang?

SOPHIE
(da er sie fester an sich drückt, reißt sich los und stößt ihn
heftig zurück)

DUENNA
(zu ihr eilend)
Ist recht ein familiärer Mann, der Herr Baron!
Man delektiert sich, was er all's für Einfäll' hat!
(krampfhaft in Sophie hineinredend)
Nein, was er all's für Einfäll' hat, der Herr Baron!

OCTAVIAN
(ohne hinzusehen, und doch sieht er alles, was vorgeht)
Ich steh' auf glüh'nden Kohlen!
Ich fahr' aus meiner Haut!
Ich büß' in dieser einen Stund'
all meine Sünden ab!

BARON
(für sich, sehr vergnügt)
Wahrhaftig und ja, ich hab' halt ein lerchenauisch
Glück!
Gibt gar nichts auf der Welt, was mich so enflammiert
und also vehement verjüngt als wie ein rechter Trotz!
(Faninal und der Notar, hinter ihnen der Schreiber, sind
an der linken Seite nach vorne gekommen.)

BARON
(sowie er den Notar erblickt, eifrig zu Sophie, ohne zu ahnen,
was in ihr vorgeht)
Dort gibt's Geschäften jetzt, muß mich dispen-
sieren:
bin dort von Wichtigkeit. Indessen
der Vetter Taverl leistet Ihr Gesellschaft!

FANINAL

Wenn's jetzt belieben tät', Herr Schwiegersohn!

BARON
(eifrig)

Natürlich wird's belieben.

(im Vorbeigehen zum Octavian, den er vertraulich anfaßt)

Hab' nichts dawider,
wenn du ihr möchtest Augerln machen, Vetter,
jetzt oder künftighin.
Ist noch ein rechter Rühr-nicht-an.
Betracht's als förderlich, je mehr sie degourdiert
                                        wird.
Ist wie bei einem jungen ungerittenen Pferd.
Kommt all's dem Angetrauten letzterdings zugut',
wofern er sein eh'lich Privilegium
zunutz zu machen weiß.

(Er geht nach links. Der Diener, der den Notar einließ, hat
indessen die Türe links geöffnet. Faninal und der Notar
schicken sich an, hineinzugehen. Der Baron mißt Faninal
mit dem Blick und bedeutet ihm, drei Schritte Distanz zu
nehmen. Faninal tritt devot zurück. Der Baron nimmt den
Vortritt, vergewissert sich, daß Faninal drei Schritte Ab-
stand hat und geht gravitätisch durch die Tür links ab.
Faninal hinter ihm, dann der Notar, dann der Schreiber.
Der Bediente schließt die Tür links und geht ab, läßt aber
die Flügeltüre nach dem Vorsaal offen. Der servierende
Diener ist schon früher abgegangen.)

SOPHIE
(rechts, steht verwirrt und beschämt)

DUENNA
(neben ihr, knickst nach der Türe hin, bis sie sich schließt)

OCTAVIAN

(mit einem Blick hinter sich, gewiß zu sein, daß die anderen
abgegangen sind, tritt schnell zu Sophie hinüber, bebend
vor Aufregung)

Wird Sie das Mannsbild da heiraten, ma cousine?

SOPHIE

(einen Schritt auf ihn zu, leise)

Nicht um die Welt!

(mit einem Blick auf die Duenna)

Mein Gott, wär' ich allein mit Ihm,
daß ich Ihn bitten könnt'! daß ich Ihn bitten könnt'!

OCTAVIAN

(halblaut, schnell)

Was ist's, das Sie mich bitten möcht'? Sag' Sie mir's
schnell!

SOPHIE

(noch einen Schritt näher zu ihm)

O mein Gott, daß Er mir halt hilft! Und Er wird
mir nicht helfen wollen,
weil Er halt sein Vetter ist.

OCTAVIAN

(heftig)

Nenn' ihn Vetter aus Höflichkeit;
Gott sei Lob und Dank,
hab' ihn im Leben vor dem gestrigen Tag nie gesehn!

(Quer durch den Vorsaal flüchten einige von den Mägden
des Hauses, denen die Lerchenauschen Bedienten auf
den Fersen sind. Der Leiblakai und der mit dem Pflaster
auf der Nase jagen einem hübschen jungen Mädchen nach
und bringen sie fast an der Schwelle zum Salon bedenklich
in die Enge.)

DER FANINALSCHE HAUSHOFMEISTER
(kommt verstört hereingelaufen, die Duenna zu Hilfe
zu holen)
Die Lerchenauischen sind voller Branntwein
gesoffen
und gehn aufs Gesinde los zwanzigmal ärger
als Türken und Krowaten!

MARIANNE
Hol' Er unsere Leut', wo sind denn die?
(Läuft ab mit dem Haushofmeister, sie entreißen den beiden
Zudringlichen ihre Beute und führen das Mädchen ab; alles
verliert sich, der Vorsaal bleibt leer.)

SOPHIE
(nun, da sie unbeobachtet ist, mit freier Stimme)
Zu Ihm hätt' ich ein Zutrau'n, mon cousin,
so wie zu niemand auf der Welt,
daß Er mir könnte helfen,
wenn Er nur den guten Willen hätt'!

OCTAVIAN
Erst muß Sie sich selber helfen,
dann hilf ich Ihr auch.
Tu' Sie das Erste für mich,
dann tu' ich was für Sie!

SOPHIE
(zutraulich, fast zärtlich)
Was ist denn das, was ich zuerst tun muß?

OCTAVIAN
(leise)
Das wird Sie wohl wissen!

6) Der Rosenkavalier

SOPHIE

(den Blick unverwandt auf ihn)

Und was ist das, was Er für mich will tun?
O sag' Er mir's!

OCTAVIAN

(entschlossen)

Nun muß Sie ganz alleinig für uns zwei einstehn!

SOPHIE

Wie? Für uns zwei?
O sag Er's noch einmal.

OCTAVIAN

(leise)

Für uns zwei!

SOPHIE

(mit hingegebenem Entzücken)

Ich hab' im Leben so was Schönes nicht gehört!

OCTAVIAN

(stärker)

Für sich und mich muß Sie sich wehren
und bleiben — was Sie ist.

SOPHIE

(nimmt seine Hand, er küßt sie schnell auf den Mund)

OCTAVIAN

(indem er sie, die sich an ihn schmiegt, in den Armen hält,
zärtlich)

Mit Ihren Augen voller Tränen
kommt Sie zu mir, damit Sie sich beklagt.

Vor Angst muß Sie an mich sich lehnen,
Ihr armes Herz ist ganz verzagt.
Und ich muß jetzt als Ihren Freund mich zeigen
und weiß noch gar nicht, wie!
Mir ist so selig, so eigen,
daß ich dich halten darf:
Gib Antwort, aber gib sie nur mit Schweigen:
Bist du von selber so zu mir gekommen?
Ja oder nein? Ja oder nein?
Du mußt es nicht mit Worten sagen —
Hast du es gern getan?
Sag', oder nur aus Not?
Aus Not so alles zu mir hergetragen,
dein Herz, dein liebliches Gesicht?
Sag', ist dir nicht, daß irgendwo
in irgendeinem schönen Traum
das einmal schon so war?
Spürst du's wie ich?
Sag'; spürst du's so wie ich?

SOPHIE

Ich möchte mich bei Ihm verstecken
und nichts mehr wissen von der Welt.
Wenn Er mich so in Seinen Armen hält,
kann mich nichts Häßliches erschrecken.
Da bleiben möcht' ich, da!
Und schweigen, und was mir auch gescheh',
geborgen wie der Vogel in den Zweigen,
stillstehn und spüren: Er ist in der Näh'!
Mir müßte angst und bang im Herzen sein,
statt dessen fühl' ich Freud' und Seligkeit
und keine Pein,
ich könnt' es nicht mit Worten sagen!
Hab' ich was Unrechtes getan?
Ich war halt in der Not!
Da war Er mir nah!
Da war es Sein Gesicht,

Sein' Augen jung und licht,
auf das ich mich gericht,
Sein liebes Gesicht —
Er muß mir Seinen Schutz vergönnen,
was Er will, werd' ich können;
Bleib' Er nur bei mir.
Er muß mir Seinen Schutz vergönnen —
Bleib' Er nur bei mir!

(Aus den Kaminen in den rückwärtigen Ecken sind links
Valzacchi, rechts Annina lautlos spähend herausgeglitten.
Lautlos schleichen sie, langsam, auf den Zehen näher. Octavian zieht Sophie an sich, küßt sie auf den Mund; in diesem Augenblick sind die Italiener dicht hinter ihnen, ducken
sich hinter den Lehnsesseln; jetzt springen sie vor, Annina
packt Sophie, Valzacchi faßt Octavian.)

VALZACCHI UND ANNINA
(zu zweien schreiend)
Herr Baron von Lerchenau! — Herr Baron von
Lerchenau! —

OCTAVIAN
(springt zur Seite nach links)

VALZACCHI
(der Mühe hat, ihn zu halten, atemlos zu Annina)
Lauf und 'ole Seine Gnade!
Snell, nur snell, ik muß 'alten diese 'err!

ANNINA
Laß ich das Fräulein aus, läuft sie mir weg!

ZU ZWEIEN
Herr Baron von Lerchenau,
Herr Baron von Lerchenau!
Komm' zu sehn die Fräulein Braut!

Mit eine junge Kavalier!
Kommen eilig, kommen hier! Ecco!
(Baron tritt aus der Tür links. Die Italiener lassen ihre
Opfer los, springen zur Seite, verneigen sich vor dem
Baron mit vielsagender Gebärde.)

SOPHIE

(schmiegt sich ängstlich an Octavian)

BARON

(die Arme über die Brust gekreuzt, betrachtet sich die
Gruppe. Unheilschwangere Pause, endlich)
Eh bien, Mamsell, was hat Sie mir zu sagen?

SOPHIE

(schweigt)

BARON

(der durchaus nicht außer Fassung ist)
Nun, resolvier' Sie sich!

SOPHIE

Mein Gott, was soll ich sagen,
Er wird mich nicht verstehn!

BARON

(gemütlich)
Das werden wir ja sehn!

OCTAVIAN

(einen Schritt auf den Baron zu)
Eu'r Liebden muß ich halt vermelden,
daß sich in Seiner Angelegenheit
was Wichtiges verändert hat!

BARON

(gemütlich)

Verändert? Ei, nicht daß ich wüßt'!

OCTAVIAN

Darum soll Er es jetzt erfahren!
Die Fräulein —

BARON

Ei, Er ist nicht faul! Er weiß zu profitieren,
mit Seine siebzehn Jahr'! Ich muß Ihm gratulieren!

OCTAVIAN

Die Fräulein —

BARON

(halb zu sich)

Ist mir ordentlich, ich seh' mich selber!
Muß lachen über den Filou, den pudeljungen.

OCTAVIAN

Die Fräulein —

BARON

Ei! Sie ist wohl stumm und hat Ihn angestellt
für Ihren Advokaten!

OCTAVIAN

Die Fräulein —

(er hält abermals inne, wie um Sophie sprechen zu lassen)

SOPHIE

(angstvoll)

Nein! Nein! Nein! Ich bring' den Mund nicht auf.
Sprech' Er für mich!

OCTAVIAN
(entschlossen)

Die Fräulein —

BARON
(ihm nachstotternd)
Die Fräulein, die Fräulein! Die Fräulein! Die
Fräulein!
Ist eine Kreuzerkomödi wahrhaftig!
Jetzt echappier' Er sich, sonst reißt mir die Geduld.

OCTAVIAN
(sehr bestimmt)
Die Fräulein, kurz und gut,
die Fräulein mag ihn nicht.

BARON
(gemütlich)
Sei Er da außer Sorg'. Wird schon lernen mich
mögen.
(auf Sophie zu)
Komm' Sie da jetzt hinein: wird gleich an Ihrer sein,
die Unterschrift zu geben.

SOPHIE
(zurücktretend)
Um keinen Preis geh' ich an seiner Hand hinein!
Wie kann ein Kavalier so ohne Zartheit sein!

OCTAVIAN
(der jetzt zwischen den beiden anderen und der Tür links)
Versteht Er deutsch: Die Fräulein hat sich
resolviert.
Sie will Euer Gnaden ungeheirat' lassen
in Zeit und Ewigkeit!

BARON

(mit der Miene eines Mannes, der es eilig hat)

Mancari! Jungfernred' ist nicht gehaun und nicht
gestochen!
Verlaub' Sie jetzt!

(nimmt sie bei der Hand)

OCTAVIAN

(sich breit vor die Tür stellend)

Wenn nur so viel in Ihm ist
von einem Kavalier,
so wird Ihm wohl genügen,
was er g'hört hat von mir!

BARON

(tut, als hörte er ihn nicht, zu Sophie)

Gratulier' Sie sich nur, daß ich ein Aug' zudruck'!
Daran mag Sie erkennen, was ein Kavalier ist!

(Er macht Miene, mit ihr an Octavian vorbeizukommen.)

OCTAVIAN

(schlägt an seinen Degen)

Wird doch wohl ein Mittel geben,
Seinesgleichen zu bedeuten!

BARON

(der Sophie nicht losläßt, sie jetzt vorschiebt gegen die Tür)

Ei schwerlich, wüßte nicht!

OCTAVIAN

(losbrechend)

Ich acht' Ihn mit nichten
für einen Kavalier!

BARON

(mit Grandezza)

Wahrhaftig wüßt' ich nicht, daß Er mich respek-
tiert,
und wär' Er nicht verwandt, es wär' mir jetzo schwer,
daß ich mit ihm nicht übereinander käm'!

(Er macht Miene, Sophie mit scheinbarer Unbefangenheit
gegen die Mitteltür zu führen, nachdem ihm die Italiener
lebhafte Zeichen gegeben haben, diesen Weg zu nehmen.)

Komm' Sie! Gehn zum Herrn Vater dort hinüber!
Ist bereits der nähere Weg!

OCTAVIAN

(ihm nach, dicht an ihr)

Ich hoff', er kommt vielmehr jetzt mit mir hinters
Haus,
ist dort recht ein bequemer Garten.

BARON

(setzt seinen Weg fort, mit gespielter Unbefangenheit Sophie
an der Hand nach jener Richtung zu führen bestrebt, über
die Schulter zurück)

Bewahre. Wär' mir jetzo nicht genehm.
Laß um all's den Notari nicht warten.
Wär' gar ein Affront für die Jungfer Braut!

OCTAVIAN

(faßt ihn am Ärmel)

Beim Satan, Er hat eine dicke Haut!
Auch dort die Tür passiert Er mir nicht!
Ich schrei's Ihm jetzt in Sein Gesicht:
ich acht' Ihn für einen Filou,
einen Mitgiftjäger,
einen durchtriebenen Lügner und schmutzigen Bauer,
einen Kerl ohne Anstand und Ehr'!
Und wenn's sein muß, geb' ich ihm auf dem Fleck
die Lehr'!

SOPHIE

(hat sich vom Baron losgerissen und ist hinter Octavian zu-
rückgesprungen. Sie stehen links, ziemlich vor der Tür.)

BARON

(steckt zwei Finger in den Mund und tut einen gellenden
Pfiff. Dann)

Was so ein Bub' in Wien mit siebzehn Jahr
schon für ein vorlaut Mundwerk hat!

(Er sieht sich nach der Mitteltür um.)

Doch Gott sei Lob, man kennt in hiesiger Stadt
den Mann, der vor Ihm steht,
halt bis hinauf zu kaiserlicher Majestät!
Man ist halt, was man ist, und braucht's nicht zu
beweisen.
Das laß Er sich gesagt sein und geb' mir den Weg
da frei.

(Die Lerchenausche Livree ist vollzählig in der Mitteltür
aufmarschiert; er vergewissert sich dessen durch einen Blick
nach rückwärts. Er rückt jetzt gegen die beiden vor, entschlossen, sich Sophiens und des Ausgangs zu bemächtigen.)

Wär' mir wahrhaftig leid, wenn meine Leut' da
hinten —

OCTAVIAN

(wütend)

Ah, untersteht Er sich, Seine Bedienten
hineinzumischen in unsern Streit!
Jetzt zieh' Er oder gnad' Ihm Gott!

(er zieht)

(Die Lerchenauschen, die schon einige Schritte vorgerückt
waren, werden durch diesen Anblick einigermaßen unschlüssig und stellen ihren Vormarsch ein.)

BARON

(tut einen Schritt, sich Sophiens zu bemächtigen)

OCTAVIAN

(schreit ihn an)

Zum Satan, zieh' Er oder ich stech' Ihn nieder!

SOPHIE

O Gott, was wird denn jetzt geschehn?

BARON

(retiriert etwas)

Vor einer Dame, pfui! So sei Er doch gescheit!

OCTAVIAN

(fährt wütend auf ihn los)

BARON

(zieht, fällt ungeschickt aus und hat schon die Spitze von
Octavians Degen im Oberarm. Die Lerchenauschen stürzen
vor.)

BARON

(indem er den Degen fallen läßt)

Mord! Mord! Mein Blut! Zu Hilfe! Mörder! Mörder! Mörder!

(Die Diener stürzen alle zugleich auf Octavian los. Dieser
springt nach rechts hinüber und hält sie sich vom Leib, indem er seinen Degen blitzschnell um sich kreisen läßt. Der
Almosenier, Valzacchi und Annina eilen auf den Baron zu,
den sie stützen und auf einem der Stühle in der Mitte
niederlassen.)

BARON

(von ihnen umgeben und dem Publikum verstellt)

Ich hab' ein hitzig' Blut! Um Ärzt', um Leinwand!
Verband her! Ich verblut' mich auf eins, zwei!
Aufhalten den! Um Polizei! Um Polizei!

DIE LERCHENAUSCHEN
(indem sie mit mehr Ostentation als Entschlossenheit auf
Octavian eindringen)
Den haut's z'samm! den haut's z'samm!
Spinnweb' her! Feuerschwamm!
Reißt's ihm den Spadi weg!
Schlagt's ihn tot auf'm Fleck!

(Die sämtliche Faninalsche Dienerschaft, auch das weibliche
Hausgesinde, Küchenpersonal, Stallpagen sind zur Mitteltür hereingeströmt)

ANNINA
(auf sie zu, harangierend)

Der junge Kavalier
und die Fräulein Braut, versteht's?
waren im Geheimen
schon recht vertraut, versteht's?

(Valzacchi und der Almosenier ziehen dem Baron, der fortwährend stöhnt, seinen Rock aus.)

DIE FANINALISCHE DIENERSCHAFT

G'stochen is einer? Wer?
Der dort? Der fremde Herr?
Welcher? Der Bräutigam?
Packt's den Duellanten z'samm!
Welcher is der Duellant?
Der dort im weißen G'wand!
Wer? Der Rosenkavalier?
Wegen was denn? Wegen ihr!
Angepackt! Niederg'haut!
Wegen der Braut?
Wegen der Liebschaft!
Wütender Haß is!
Schaut's nur die Fräulein an,
Schaut's, wie sie blaß is'!

DUENNA

(bahnt sich den Weg, auf den Baron zu; alle umgeben den
Baron in dichten Gruppen)

So ein fescher Herr! So ein groß Malheur!
So ein schwerer Schlag! So ein Unglückstag!

OCTAVIAN

(indem er sich seine Angreifer vom Leibe hält)

Wer mir zu nah kommt,
der lernt beten!
Was da passiert ist,
kann ich vertreten!

SOPHIE

(links vorn)

Alles geht durcheinand'!
Furchtbar war's, wie ein Blitz,
wie er's erzwungen hat!
Ich spür' nur seine Hand,
Ich verspür' nur seine Hand,
die mich umschlungen hat!
Ich verspür' nichts von Angst,
ich verspür' nichts von Schmerz,
nur das Feuer, seinen Blick
durch und durch, bis ins Herz!

DIE LERCHENAUSCHEN

(haben von Octavian abgelassen und gehen auf die ihnen
zunächst stehenden Mägde handgreiflich los)

Leinwand her! Verband machen!
Fetzen aus'n Gewand machen!
Vorwärts, keine Spanponaden!
Leinwand her für Seine Gnaden!

SOPHIE

(Octavian verzweifelt zurufend)

Liebster!

OCTAVIAN
(Sophie verzweifelt zurufend)

Liebste!

(Die Lerchenauschen machen Miene, sich zu diesem Zweck
der Hemden der jüngeren und hübscheren Mägde zu bemächtigen. Handgemenge, bis Faninal beginnt. In diesem
Augenblick kommt die Duenna, die fortgestürzt war, zurück,
atemlos, beladen mit Leinwand; hinter ihr zwei Mägde mit
Schwamm und Wasserbecken. Sie umgeben den Baron mit
eifriger Hilfeleistung. Faninal kommt zur Türe links her-
eingestürzt, hinter ihm der Notar und der Schreiber, die in
der Tür ängstlich stehenbleiben.)

BARON
(man hört seine Stimme, ohne viel von ihm zu sehen)

Ich kann ein jedes Blut mit Ruhe fließen sehen,
nur bloß das meinig' nicht! Oh! Oh!
(die Duenna anschreiend)
So tu' Sie doch was G'scheidt's, so rett' Sie doch
mein Leben!
Oh! Oh!

(Sophie ist, wie sie ihres Vaters ansichtig wird, nach rechts
vorne hingelaufen, steht neben Octavian, der nun seinen
Degen einsteckt.)

ANNINA
(knicksend und eifrig zu Faninal links vorne)

Der junge Kavalier
und die Fräulein Braut, Gnaden,
waren im Geheimen
schon recht vertraut, Gnaden!
Wir voller Eifer
für'n Herrn Baron, Gnaden,
haben sie betreten
in aller Devotion, Gnaden!

DUENNA

(um den Baron beschäftigt)

So ein fescher Herr! So ein groß' Malheur,
so ein schwerer Schlag, so ein Unglückstag!

FANINAL

(anfangs sprachlos, schlägt nun die Hände überm Kopf zusammen und bricht aus)

Herr Schwiegersohn! Wie ist Ihm denn? mein
Herr und Heiland!
Daß Ihm in mein' Palais das hat passieren müssen!
Gelaufen um den Medikus! Geflogen!
Meine zehn teuren Pferd' zu Tod gehetzt!
Ja hat denn niemand von meiner Livree
dazwischenfahren mögen! Füttr' ich dafür
ein Schock baumlanger Lackeln, daß mir solche
Schand'
passieren muß in meinem neuchen Stadtpalais!

(gegen Octavian hin)

Hätt' wohl von Euer Liebden eines andern Anstands
mich versehn!

BARON

(stöhnend)

Oh! Oh!

FANINAL

(abermals zu ihm hin)

Oh! um das schöne freiherrliche Blut, was auf den
Boden rinnt!
O pfui! So eine ordinäre Metzgerei!

BARON

Hab' halt so ein jung und hitzig Blut,
Ist nicht zum Stillen! Oh!

FANINAL
(auf Octavian losgehend, verbissen)
War mir von Euer Liebden hochgräfliche Gegenwart allhier
wahrhaftig einer anderen Freud' gewärtig!

OCTAVIAN
(höflich)
Er muß mich pardonieren.
Bin außer Maßen sehr betrübt über den Vorfall.
Bin aber außer Schuld. Zu einer mehr gelegenen
Zeit
erfahren Euer Liebden wohl den Hergang
aus Ihrer Fräulein Tochter Mund.

FANINAL
(sich mühsam beherrschend)
Da möcht' ich recht sehr bitten!

SOPHIE
(entschlossen)
Wie Sie befehlen, Vater. Werd' Ihnen alles sagen.
Der Herr dort hat sich nicht so, wie er sollt', betragen.

FANINAL
(zornig)
Ei, von wem red't Sie da? Von Ihrem Herrn Zu-
künft'gen?
Ich will nicht hoffen, wär' mir keine Manier.

SOPHIE
(ruhig)
Ist nicht der Fall. Seh' ihn mit nichten an dafür.
(Der Arzt kommt, wird sogleich zum Baron geführt.)

FANINAL
(immer zorniger)
Sieht ihn nicht an?

SOPHIE
Nicht mehr. Bitt' Sie dafür um gnädigen Pardon.

FANINAL
(zuerst dumpf vor sich hin, dann in helle Wut ausbrechend)
Sieht ihn nicht an. Nicht mehr. Mich um Pardon.
Liegt dort gestochen. Steht bei ihr. Der Junge.
(ausbrechend)
Blamage. Mir auseinander meine Eh',
Alle Neidhammeln von der Wieden und der Leim-
grub'n
auf! in der Höh! Der Medikus! Stirbt mir womöglich.
(Auf Sophie zu in höchster Wut.)
Sie heirat' ihn!
(Auf Octavian, indem der Respekt vor dem Grafen Rofrano
seine Grobheit zu einer knirschenden Höflichkeit herab-
dämpft.)
Möchte Euer Liebden recht in aller Devotion
gebeten haben, schleunig sich von hier zu retirieren
und nimmer wieder zu erscheinen!
(Zu Sophie.)
Hör' Sie mich!
Sie heirat' ihn! Und wenn er sich verbluten tät',
so heirat' Sie ihn als Toter!

(Der Arzt zeigt durch eine beruhigende Gebärde, daß der
Verwundete sich in keiner Gefahr befindet. Octavian sucht
nach seinem Hut, der unter die Füße der Dienerschaft geraten war. Eine Magd überreicht ihm knicksend den Hut.
Faninal macht Octavian eine Verbeugung, übertrieben höflich, aber unzweideutig. Octavian muß wohl gehen, möchte

7) Der Rosenkavalier

aber gar zu gerne Sophie noch ein Wort sagen. Er erwidert
zunächst Faninals Verbeugung durch ein gleich tiefes Kompliment.)

SOPHIE
(beeilt sich das Folgende noch zu sagen, so lange Octavian
es hören kann. Mit einer Reverenz.)

Heirat' den Herrn dort nicht lebendig und nicht tot!
Sperr' mich zuvor in meine Kammer ein!

FANINAL
(in Wut, und nachdem er abermals eine wütende Verbeugung
gegen Octavian gemacht hat, die Octavian prompt erwidert)

Ah! Sperrst dich ein. Sind Leut' genug im Haus,
die dich in Wagen tragen werden.

SOPHIE
(mit einem neuen Knicks)

Spring' aus dem Wagen noch, der mich zur Kirch'n
führt!

FANINAL
(mit dem gleichen Spiel zwischen ihr und Octavian, der
immer einen Schritt gegen den Ausgang tut, aber von Sophie
in diesem Augenblick nicht los kann)

Ah! Springst noch aus dem Wagen! Na, ich sitz'
neben dir,
werd' dich schon halten!

SOPHIE
(mit einem neuen Knicks)

Geb' halt dem Pfarrer am Altar
Nein anstatt Ja zur Antwort!
(Der Haushofmeister indessen macht die Leute abtreten. Die
Bühne leert sich. Nur die Lerchenauschen Leute bleiben bei
ihrem Herrn zurück.)

FANINAL

(mit gleichem Spiel)

Ah! Gibst Nein statt Ja zur Antwort.
Ich steck' dich in ein Kloster stante pede!
Marsch! Mir aus meinen Augen! Lieber heut als
morgen!
Auf Lebenszeit!

SOPHIE

(erschrocken)

Ich bitt' Sie um Pardon! Bin doch kein schlechtes
Kind!
Vergeben Sie mir nur dies eine Mal!

FANINAL

(hält sich in Wut die Ohren zu)

Auf Lebenszeit! Auf Lebenszeit!

OCTAVIAN

(schnell, halblaut)

Sei Sie nur ruhig, Liebste, um alles!
Sie hört von mir!

(Duenna stößt Octavian, sich zu entfernen.)

FANINAL

Auf Lebenszeit!

DUENNA

(zieht Sophie mit sich nach links)

So geh' doch nur dem Vater aus den Augen!

(Zieht sie zur Türe links hinaus, schließt die Tür. Octavian
ist zur Mitteltür abgegangen. Baron, umgeben von seiner
Dienerschaft, der Duenna, zwei Mägden, den Italienern und
dem Arzt, wird auf einem aus Sitzmöbeln improvisierten
Ruhebett in ganzer Gestalt sichtbar.)

FANINAL

(schreit nochmals durch die Türe links, durch die Sophie abgegangen ist)

Auf Lebenszeit!

(Eilt dann dem Baron entgegen.)

Bin überglücklich! Muß Eu'r Liebden embrassieren!

BARON

(dem bei der Umarmung der Arm wehgetan)

Oh! Oh! Jesus, Maria!

FANINAL

(nach rechts hin in neuer Wut)

Luderei! Ins Kloster!

(Nach der Mitteltür.)

Ein Gefängnis!
Auf Lebenszeit!

BARON

Is gut! Is gut! Ein Schluck von was zu trinken!

FANINAL

Ein Wein? Ein Bier? Ein Hippokras mit Ingwer?

DER ARZT

(macht eine ängstlich abwehrende Bewegung)

FANINAL

(jammernd)

So einen Herrn zurichten miserabel!
In meinem Stadtpalais! Sie heirat' ihn um desto
früher!
Bin Manns genug'.

BARON
(matt)

Is gut, is gut!

FANINAL
(nach der Tür links, in aufflammender Wut)

Bin Manns genug!

(Zum Baron.)

Küss' Ihm die Hand für Seine Güt' und Nachsicht.
Gehört alles Ihm im Haus. Ich lauf' — ich bring' Ihm —

(Nach links.)

Ein Kloster ist zu gut!

(Zum Baron.)

Sei'n außer Sorg'.

(Sehr devot)

Weiß, was ich Satisfaktion Ihm schuldig bin.

(Stürzt ab. Desgleichen gehen Duenna und Mägde ab. Die
beiden Italiener sind schon während des Obigen fort-
geschlichen.)

BARON
(halb aufgerichtet)

Da lieg' ich! Was ei'm Kavalier nit all's passieren
kann
in dieser Wiener Stadt!
Wär' nicht mein Gusto hier — da ist eins gar zu
sehr in Gottes Hand,
wär' lieber schon daheim!

(Ein Diener ist aufgetreten, eine Kanne Weines zu servieren.)

BARON
(will trinken, da macht er eine Bewegung, die ihm Schmer-
zen verursacht)

Oh! Oh! Der Satan! Oh! Oh! Sakramentsver-
fluchter Bub',
nit trocken hinterm Ohr und fuchtelt mit 'n Spadi!

(In immer größerer Wut.)

Wällischer Hundsbub' das! Dich sollt' ich nur er-
wischen.
In Hundezwinger sperr' ich dich, bei meiner Seel',
in Hühnerstall! In Schweinekofen!
Tät' dich kuranzen! Solltest alle Engel singen hör'n!

(Zu dem Faninalschen Diener.)

Schenk' Er nur ein da, schnell!

DIE LERCHENAUISCHEN
(gedämpft)

Wenn ich dich erwisch',
Du liegst unter'm Tisch.
Wart, dich richt' ich zu,
wällischer Filou!

(Der Arzt schenkt ihm ein und präsentiert den Becher.)

BARON
(nachdem er getrunken, in allmählich besserer Laune)

Und doch, muß lachen, wie sich so ein Loder
mit seine siebzehn Jahr die Welt imaginiert:
meint, Gott weiß wie er mich kontreveniert.
Haha! Umgekehrt ist auch gefahren! Möcht' um
alles nicht,
daß ich dem Mädel — sein rebellisch Aufbegehren
nicht verspüret hätt'!

(Nimmt sie bei der Hand.)

Gibt auf der Welt nichts, was mich enflammiert
und also vehement verjüngt als wie ein rechter Trotz.

DIE LERCHENAUISCHEN
(gedämpft)

Wart', dich hau' i z'samm,
wällischer Filou!
Wart', dich hau' i z'samm,
daß dich Gott verdamm'!

BARON

(zum Arzt gewandt)

Herr Medicus, verfüg' Er sich voraus!
Mach' Er das Bett aus lauter Federbetten.
Ich komm'. Erst aber trink' ich noch. Marschier'
Er nur indessen.

(Der Arzt geht ab mit dem Leiblakai. Annina ist durch den
Vorsaal hereingekommen und schleicht sich verstohlen heran, einen Brief in der Hand.)

BARON

(vor sich leise, den zweiten Becher leerend)

Ein Federbett. Zwei Stunden noch zu Tisch. Werd'
Zeitlang haben.
„Ohne mich, ohne mich, jeder Tag dir so bang,
mit mir, mit mir keine Nacht dir zu lang.“

(Annina stellt sich so, daß der Baron sie sehen muß und
winkt ihm geheimnisvoll mit dem Brief.)

BARON

Für mich?

ANNINA

(näher)

Von der Bewußten.

BARON

Wer soll da gemeint sein?

ANNINA

(ganz nahe)

Nur eigenhändig, insgeheim zu übergeben.

BARON

Luft da!

(Die Diener treten zurück, nehmen den Faninalschen ohne
weiteres die Weinkanne ab und trinken sie leer.)

BARON

Zeig' Sie den Wisch!

(Reißt mit der Linken den Brief auf. Versucht ihn zu lesen,
indem er ihn sehr weit von sich weghält.)

Such' Sie in meiner Taschen meine Brillen.

(Mißtrauisch, da sie sich dazu anschickt.)

Nein! Such' Sie nicht! Kann Sie Geschriebenes lesen?
Da.

ANNINA

(nimmt und liest)

„Herr Kavalier! Den morgigen Abend hätt' i frei.
Sie ham mir schon g'fall'n, nur g'schamt
hab' i mi vor der fürstli'n Gnad'n,
weil i noch gar so jung bin. Das bewußte Mariandel,
Kammerzofel und Verliebte.
Wenn der Herr Kavalier den Nam' nit schon ver-
gessen hat.
I wart' auf Antwort."

BARON

(entzückt)

Sie wart' auf Antwort.
Geht all's recht am Schnürl so wie z' Haus
und hat noch einen andern Schick dazu.

(Sehr lustig.)

Ich hab' halt schon einmal ein lerchenauisch Glück.
Komm' Sie nach Tisch, geb' Ihr die Antwort nachher
schriftlich.

ANNINA

Ganz zu Befehl, Herr Kavalier. Vergessen nicht der
Botin?

BARON

(sie überhörend, vor sich)

„Ohne mich, ohne mich jeder Tag dir so bang."

ANNINA

(dringlicher)

Vergessen nicht der Botin, Euer Gnad'n?

BARON

Schon gut.

„Mit mir, mit mir keine Nacht dir zu lang."

ANNINA

(macht nochmals eine Gebärde des Geldforderns)

BARON

Das später. Alls auf einmal. Dann zum Schluß.
Sie wart' auf Antwort! Tret' Sie ab indessen.
Schaff' Sie ein Schreibzeug in mein Zimmer, bin dort
drüben,
daß ich die Antwort dann diktier'.

ANNINA

(geht ab, nicht ohne mit einer drohenden Gebärde hinter des
Barons Rücken angezeigt zu haben, daß sie sich bald für
seinen Geiz rächen werde)

BARON

(tut noch einen letzten Schluck, er geht, von seinen Leuten
begleitet, seinem Zimmer zu)

„Mit mir, mit mir keine Nacht dir zu lang!"

DRITTER AUFZUG

Ein Extrazimmer in einem Gasthaus. Im Hintergrunde links ein Alkoven, darin ein Bett. Der Alkoven durch einen Vorhang verschließbar, der sich auf- und zuziehen läßt. Vorne rechts Türe ins Nebenzimmer. Rechts steht ein für zwei Personen gedeckter Tisch, auf diesem ein großer vielarmiger Leuchter. In der Mitte rückwärts Türe auf den Korridor. Daneben links ein Büfett. Rechts rückwärts ein blindes Fenster, vorne links ein Fenster auf die Gasse. Armleuchter mit Kerzen auf den Seitentischen sowie an den Wänden. Es brennt nur je eine Kerze in den Leuchtern und auf den Seitentischen. Das Zimmer halbdunkel.

Annina steht da, als Dame in Trauer gekleidet. Valzacchi richtet ihr den Schleier, zupft da und dort das Kleid zurecht, tritt zurück, mustert sie, zieht einen Crayon aus der Tasche, untermalt ihr die Augen. Die Türe rechts wird vorsichtig geöffnet, ein Kopf erscheint, verschwindet wieder, dann kommt eine nicht ganz unbedenklich aussehende, aber ehrbar gekleidete Alte hereingeschlüpft, öffnet lautlos die Tür und läßt respektvoll Octavian eintreten, in Frauenkleidern, mit einem Häubchen, wie es die Bürgermädchen tragen.

Octavian, hinter ihm die Alte, gehen auf die beiden anderen zu, werden sogleich von Valzacchi bemerkt, der in seiner Arbeit innehält und sich vor Octavian verneigt. Annina erkennt nicht sofort den Verkleideten, sie kann sich vor Staunen nicht fassen, knickst dann tief. Octavian greift in die Tasche (nicht wie eine Dame, sondern wie ein Herr, und man sieht, daß er unter dem Reifrock Männerkleider und Reitstiefel anhat, aber ohne Sporen) und wirft Valzacchi eine Börse zu.

Valzacchi und Annina küssen ihm die Hände, Annina
richtet noch an Octavians Brusttuch. Indessen sind fünf verdächtige Herren unter Vorsichtsmaßregeln eingetreten. Valzacchi bedeutet sie mit einem Wink, zu warten. Sie stehen
nahe der Türe. Eine Uhr schlägt halb. Valzacchi zieht seine
Uhr, zeigt Octavian: es ist hohe Zeit. Octavian geht eilig
ab, gefolgt von der Alten, die als seine Begleiterin fungiert.
Annina geht zum Spiegel (alles mit Vorsicht, jedes Geräusch
vermeidend), arrangiert sich noch, zieht dann einen Zettel
hervor, woraus sie ihre Rolle zu lernen scheint. Valzacchi
nimmt indessen die Verdächtigen nach vorne, indem er mit
jeder Gebärde die Notwendigkeit höchster Vorsicht andeu-
tet. Die Verdächtigen folgen ihm auf den Zehen nach der
Mitte. Er bedeutet ihrer einem, ihm zu folgen: lautlos, ganz
lautlos. Führt ihn an die Wand rechts, öffnet lautlos eine
Falltür unfern des gedeckten Tisches, läßt den Mann hinab-
steigen, schließt wieder die Falltür. Dann winkt er zwei zu
sich, schleicht ihnen voran bis an die Eingangstüre, steckt
den Kopf heraus, vergewissert sich, daß niemand zusieht,
winkt die zwei zu sich, läßt sie dort hinaus. Dann schließt
er die Türe, führt die beiden letzten leise an die Türe zum
Nebenzimmer voran, schiebt sie hinaus. Winkt Annina zu
sich, geht mit ihr leise links ab, die Türe lautlos hinter sich
schließend. Er kommt wieder herein, klatscht in die Hände.
Der eine Versteckte hebt sich mit halbem Leib aus dem
Boden hervor. Zugleich erscheinen über dem Bett und andern Stellen Köpfe. Auf Valzacchis Wink verschwinden die-
selben ebenso plötzlich, die geheimen Schiebetüren schließen sich ohne Geräusch. Valzacchi sieht abermals nach der
Uhr, geht nach rückwärts, öffnet die Eingangstür, dann zieht
er ein Feuerzeug hervor und beginnt eifrig, die Kerzen auf
dem Tisch anzuzünden. Ein Kellner und ein Kellnerjunge
kommen gelaufen mit zwei Stöcken zum Kerzenanzünden.
Entzünden die Leuchter auf dem Kamin, auf dem Büfett,
dann die zahlreichen Wandarme. Sie haben die Tür hinter
sich offen gelassen, man hört aus dem Vorsaal (im Hintergrunde) Tanzmusik spielen. Valzacchi eilt zur Mitteltür,
öffnet dienstbeflissen auch den zweiten Flügel, springt unter
Verneigung zur Seite.

Baron Ochs erscheint, den Arm in der Schlinge. Octavian
an der Linken führend, hinter ihm der Leiblakai. Baron
mustert den Raum. Octavian sieht herum, läuft an den
Spiegel, richtet sein Haar. Baron bemerkt den Kellner und
Kellnerjungen, die noch mehr Kerzen anzünden wollen,
winkt ihnen, sie sollten es sein lassen. In ihrem Eifer bemerken sie es nicht.

BARON

(ungeduldig, reißt den Kellnerjungen vom Stuhl, auf den
er gestiegen war, löscht einige ihm zunächst brennende
Kerzen mit der Hand aus. Valzacchi zeigt dem Baron diskret
den Alkoven und durch eine Spalte des Vorhanges das
Bett. Der Wirt mit mehreren Kellnern eilt herbei, den vor-
nehmen Gast zu begrüßen.)

WIRT

Haben Euer Gnaden noch weitre Befehle?

KELLNER

Befehl'n mehr Lichter?

WIRT

Ein größeres Zimmer?

KELLNER

Befehlen mehr Silber auf den Tisch?

BARON

(eifrig beschäftigt mit einer Serviette, die er vom Tisch genommen und entfaltet hat, alle ihm erreichbaren Kerzen
auszulöschen)

Verschwindt's! Macht mir das Madel net verruckt!
Was will die Musik? Hab' sie nicht bestellt.

(Löscht weitere Kerzen aus.)

WIRT

Schaffen vielleicht, daß man sie näher hört?
Im Vorsaal da als Tafelmusik.

BARON

Laß Er die Musik, wo sie ist.
(bemerkt das Fenster rechts rückwärts im Rücken des gedeckten Tisches)
Was ist da für ein Fenster da?
(probiert, ob es hereinzieht)

WIRT

Ein blindes Fenster nur.
(verneigt sich)
Darf aufgetragen werd'n?
(alle fünf Kellner wollen abeilen)

BARON

Halt, was woll'n die Maikäfer da?

KELLNER

(an der Tür)
Servier'n, Euer Gnaden.

BARON

(winkt ab)
Brauch' niemand nicht.
(als sie nicht gehen, heftig)
Packt's Euch! Servieren wird mein Kammerdiener
da.
Einschenken tu' ich selber. Versteht Er?
(Valzacchi bedeutet sie, den Willen seiner Gnaden wortlos zu respektieren. Schiebt alle zur Tür hinaus.)

BARON

(löscht aufs neue eine Anzahl Kerzen aus, darunter mit einiger Mühe die hoch an der Wand brennenden, zu Valzacchi)
Er ist ein braver Kerl. Wenn er mir hilft, die Rechnung 'runterdrucken,

Dann fallt was ab für Ihn. Kost' sicher hier ein
Martergeld.

(Valzacchi unter Verneigung ab — Octavian ist nun fertig)

BARON

(führt ihn zu Tisch, sie setzen sich)

(Der Lakai am Büfett sieht mit unverschämter Neugierde
der Entwicklung des tête-à-tête entgegen, stellt Karaffen
mit Wein vom Büfett auf den Eßtisch. Baron schenkt ein.
Octavian nippt. Baron küßt Octavian die Hand. Octavian
entzieht ihm die Hand. Baron winkt den Lakaien abzugehen, muß es mehrmals wiederholen, bis die Lakaien
endlich gehen.)

OCTAVIAN

(schiebt sein Glas zurück)

Nein, nein, nein, nein! I trink' kein Wein.

BARON

Geh, Herzerl, was denn? Mach' doch keine Faxen.

OCTAVIAN

Nein, nein, i bleib' net da.

(springt auf, tut, als wenn er fort wollte)

BARON

(packt sie mit seiner Linken)

Sie macht mich deschparat.

OCTAVIAN

Ich weiß schon, was Sie glaub'n. Oh, Sie schlimmer
Herr!

BARON

(sehr laut)

Saperdipix! Ich schwör' bei meinem Schutzpatron!

OCTAVIAN

(tut sehr erschrocken, läuft, als ob er sich irrte, statt zur
Ausgangstür gegen den Alkoven, reißt den Vorhang auseinander, erblickt das Bett. Gerät in übermäßiges Staunen,
kommt ganz betroffen auf den Zehen zurück.)

Jesus Maria, steht a Bett drin, a mordsmäßig großes.
Ja mei, wer schlaft denn da?

BARON

(führt ihn zurück an den Tisch)

Das wird Sie schon seh'n. Jetzt komm' Sie. Setz'
Sie sich schön.
Kommt gleich wer mit'n Essen. Hat Sie denn kein'
Hunger nicht?

(legt ihr die Hand um die Taille)

OCTAVIAN

(wirft dem Baron schmachtende Blicke zu)

O weh, wo Sie doch ein Bräutigam tun sein.

(wehrt ihn ab)

BARON

Ach, laß Sie schon einmal das fade Wort!
Sie hat doch einen Kavalier vor sich
und keinen Seifensieder:
Ein Kavalier läßt alles,
was ihm nicht konveniert,
da draußen vor der Tür. Hier sitzt kein Bräutigam
und keine Kammerjungfer nicht:
Hier sitzt mit seiner Allerschönsten ein Verliebter
beim Souper.

(zieht sie an sich)

OCTAVIAN

(lehnt sich kokett in den Sessel zurück, mit halbgeschlossenen Augen)

BARON

(erhebt sich, der Moment für den ersten Kuß scheint ihm gekommen. Wie sein Gesicht dem der Partnerin ganz nahe ist, durchzuckt ihn jäh die Ähnlichkeit mit Octavian. Er fährt zurück und greift unwillkürlich nach dem verwundeten Arm.)

Ist e i n Gesicht! Verfluchter Bub'!
Verfolgt mich alser wacher und im Traum!

OCTAVIAN

(öffnet die Augen und blickt ihn frech und kokett an)

Was meint Er denn?

BARON

Sieht einem ähnlich, einem gottverfluchten Kerl!

OCTAVIAN

Ah geh'! Das hab' i no net g'hört!

BARON

(nun wieder versichert, daß es die Zofe ist, zwingt sich zu einem Lächeln. Aber der Schreck ist ihm nicht ganz aus den Gliedern. Er muß Luft schöpfen und der Kuß bleibt aufgeschoben. Der Mann unter der Falltür öffnet zu früh und kommt zum Vorschein.)

OCTAVIAN

(der ihm gegenübersitzt, winkt ihm eifrig, zu verschwinden. Der Mann verschwindet sofort. Baron, der, um den unangenehmen Eindruck von sich abzuschütteln, ein paar Schritte getan hat und sie von rückwärts umschlingen und küssen will, sieht gerade noch den Mann. Er erschrickt heftig, zeigt hin.)

OCTAVIAN
(als verstände er nicht)
Was ist mit Ihm?

BARON
(auf die Stelle deutend, wo die Erscheinung
verschwunden ist)
Was war denn das? Hat Sie den nicht gesehn?

OCTAVIAN
Da is ja nix.

BARON
Da is nix?
(nun wieder ihr Gesicht angstvoll musternd)
So?
Und da ist auch nix?
(fährt mit der Hand über ihr Gesicht)

OCTAVIAN
Da is mei' G'sicht.

BARON
(atmet schwer, schenkt sich ein Glas Wein ein)
Da is Ihr G'sicht — und da is nix — mir scheint,
ich hab' die Kongestion.
(Setzt sich schwer, es ist ihm ängstlich zumute. Die Tür
geht auf, man hört draußen wieder die Musik. Der Lakai
kommt und serviert.)

OCTAVIAN
(sehr weich)
Die schöne Musik!

8) Der Rosenkavalier

BARON
(wieder sehr laut)
Is mei Leiblied, weiß Sie das?

OCTAVIAN
(horcht auf die Musik)
Da muß ma weinen.

BARON
Was?

OCTAVIAN
Weil's gar so schön is.

BARON
Was, weinen? Wär' nicht schlecht.
Kreuzlustig muß Sie sein, die Musik geht ins Blut.
(sentimental)
G'spürt Sie's jetzt —
(winkt dem Lakaien abzugehen)
Auf die letzt, g'spürt Sie's dahier,
Daß Sie aus mir
Kann machen alles frei, was Sie nur will.

DER LAKAI
(geht zögernd ab, öffnet nochmals die Tür, schaut mit frecher
Neugierde herein und verschwindet erst auf einen neuen
heftigen Wink des Barons gänzlich)

OCTAVIAN
(zurückgelehnt, wie zu sich selbst sprechend, mit unmäßiger
Traurigkeit)
Es is ja eh als eins, es is ja eh als eins,
Was ein Herz noch so gach begehrt.
(Indes der Baron ihre Hand faßt.)
Geh', es is all's net drumi wert.

BARON
(läßt ihre Hand fahren)

Ei, was denn? Is sehr wohl der Müh' wert.

OCTAVIAN
(immer gleich melancholisch, wirft dem Baron schmachtende Blicke zu)

Wie die Stund' hingeht, wie der Wind verweht,
So sind wir bald alle zwei dahin.
Menschen sin' ma halt.
(schmachtender Blick auf den Baron)
Richtn's nichts mit G'walt,
Weint uns niemand nach, net dir net und net mir.

BARON

Macht Sie der Wein leicht immer so? Is ganz gewiß
Ihr Mieder,
das aufs Herzerl Ihr druckt.

OCTAVIAN
(mit geschlossenen Augen, gibt keine Antwort)

BARON
(steht auf und will ihr das Mieder aufschnüren)

Jetzt wird's frei mir a bisserl heiß.

(Schnell entschlossen nimmt er seine Perücke ab und sucht
sich einen Platz, sie abzulegen. Indem erblickt er ein Gesicht, das sich wieder im Alkoven zeigt und ihn anstarrt.
Das Gesicht verschwindet gleich wieder. Er sagt sich: Kon-
gestionen! und verscheucht den Schrecken, muß sich aber
doch die Stirne abwischen. Sieht nun wieder die Zofe wil-
lenlos wie mit gelösten Gliedern dasitzen. Das ist stärker
als alles, und er nähert sich ihr zärtlich. Da meint er wieder
das Gesicht Octavians ganz nahe dem seinigen zu erkennen,
und er fährt abermals zurück. Mariandl rührt sich kaum.

(Abermals verscheucht der Baron sich den Schreck, zwingt Munterkeit in sein Gesicht zurück, da fällt sein Auge abermals auf einen fremden Kopf, welcher aus der Wand hervorstarrt. Nun ist er maßlos geängstigt, er schreit dumpf auf, ergreift die Tischglocke und schwingt sie wie rasend.)

Da und da und da und da!

(Plötzlich springt das angeblich blinde Fenster auf. Annina in schwarzer Trauerkleidung erscheint und zeigt mit ausgestreckten Armen auf den Baron.)

BARON

(außer sich vor Angst)

Da und da und da und da!

(sucht sich den Rücken zu decken)

ANNINA

Er ist es! Es ist mein Mann! Er ist's!

(verschwindet)

BARON

(angstvoll)

Was ist denn das?

OCTAVIAN

Das Zimmer ist verhext.

(schlägt ein Kreuz)

ANNINA

(gefolgt von dem Intriganten, der sie scheinbar anzuhalten sucht, vom Wirt und von drei Kellnern, stürzt zur Mitteltür herein; sie bedient sich der böhmisch-deutschen Akzents, aber gebildeter Sprechweise.)

Es ist mein Mann, ich leg' Beschlag auf ihn!
Gott ist mein Zeuge, Sie sind meine Zeugen!

Gerichte! Hohe Obrigkeit! Die Kaiserin
muß ihn mir wiedergeben!

BARON
(zum Wirt)
Was will das Weibsbild da von mir, Herr Wirt!
Was will der dort und der und der und der?
(zeigt nach allen Richtungen)
Der Teufel frequentier' sein gottverfluchtes Extrazimmer!

ANNINA
Er wagt mich zu verleugnen, ah!
Er tut, als ob er mich nicht täte kennen!

BARON
(hat sich eine kalte Kompresse auf den Kopf gelegt, hält
sie mit der Linken fest, geht dann dicht auf die Kellner,
den Wirt, zuletzt auf Annina zu, mustert sie ganz scharf,
um sich über ihre Realität klar zu werden)
Is auch lebendig!
(Wirft die Kompresse weg. Sehr bestimmt.)
Ich hab', wahrhaftigen Gott, das Möbel nie geseh'n!
(zum Wirt)
Debarassier' Er mich und lass' Er fort servier'n!
Ich hab' sein Beisl heut zum letztenmal betreten.

ANNINA
(als entdeckte sie jetzt erst die Gegenwart Octavians)
Ah! Es ist wahr, was mir berichtet wurde,
Er will ein zweites Mal heiraten, der Infame,
Ein zweites unschuldiges Mädchen, so wie ich es war!

WIRT
(erschrocken)

KELLNER
Oh, Euer Gnaden!

BARON
Bin ich in einem Narrenturm? Kreuzelement!
(schüttelt kräftig mit der Linken Valzacchi, der ihm
zunächst steht)
Bin ich der Baron von Lerchenau oder bin ich es
nicht?
Bin ich bei mir?
(Fährt mit dem Finger ins Licht.)
Ist das ein Kerzl?
(Schlägt mit der Serviette durch die Luft.)
Is das ein Serviettl?

ANNINA
Ja, ja, du bist es und so wahr, als du es bist,
bin ich es auch und du erkennst mich wohl,
Leupold bedenk':
Anton von Lerchenau, dort oben richtet dich ein
Höherer!
(erschrickt zuerst heftig, daß sie in ihrer Anrede unter-
brochen wird, faßt sich aber schnell)

BARON
(starrt sie fassungslos an)
Kommt mir bekannt vor.
(Sieht wieder auf Octavian.)
Hab'n doppelte Gesichter alle miteinander.

WIRT
Die arme Frau Baronin!

KELLNER

Die arme Frau, die arme Frau Baronin!

VIER KINDER

(zwischen vier und zehn Jahren stürzen zu früh herein und
auf den Baron zu)

Papa! Papa! Papa!

ANNINA

Hörst du die Stimme deines Blutes!?
Kinder, hebt eure Hände auf zu ihm!

BARON

(schlägt wütend mit einer Serviette, die er vom Tisch reißt,
nach den Kindern; zum Wirt)

Debarassier' Er mich von denen da,
Von der, von dem, von dem, von dem!

(Zeigt nach allen Richtungen. Valzacchi indessen
zu Octavian leise)

OCTAVIAN

(zu Valzacchi)

Ist gleich wer fort, den Faninal zu holen?

VALZACCHI

(leise)

Sogleich in Anfang. Wird sogleich zur Stelle sein.

WIRT

(im Rücken des Barons leise)

Halten zu Gnaden, gehen nit zu weit,
könnten recht böse Folgen g'spüren! Bitterböse!

BARON

Was? ich was g'spür'n? Von dem Möbel da?
Hab's nie nicht angerührt, nicht mit der Feuerzang'!

ANNINA
(schreit laut auf)
Aah!

WIRT
(wie oben)
Die Bigamie ist halt kein G'spaß,
Is gar ein Kapitalverbrechen!

VALZACCHI
(zum Baron leise)
Ik rat' Euer Gnaden, sei'n vorsiktig,
Die Sittenpolizei sein gar nicht tolerant!

BARON
Die Bigamie? Die Sittenpolizei?
(Die Stimmen der Kinder nachahmend.)
Papa, Papa, Papa?
(Greift sich wie verloren an den Kopf, dann wütend.)
Schmeiß' Er hinaus das Trauerpferd! Wer? Was?
Er will nicht?
Was? Polizei! Die Lackln woll'n nicht? Spielt das
Gelichter
Leicht alles unter einem Leder?
Sein wir in Frankreich? Sein wir unter Kurutzen?
Oder in kaiserlicher Hauptstadt?
(Reißt das Gassenfenster auf.)
Polizei!
Herauf da, Polizei: Gilt Ordnung herzustellen
Und einer Stand'sperson zu Hilf' zu eilen!
(Man hört auf der Gasse laute Rufe nach der Polizei.)

WIRT
(jammernd)
Mein renommiertes Haus! Das muß mein Haus
erleben!

DIE KINDER
(plärrend)

Papa! Papa! Papa!
(Kommissarius mit zwei Wächtern treten auf. Alles rangiert
sich, ihnen Platz zu machen.)

VALZACCHI
(zu Octavian)

Oh weh, was maken wir?

OCTAVIAN

Verlass' Er sich auf mich und lass' Er's gehn, wie's
geht.

VALZACCHI

Zu Euer Exzellenz Befehl!

KOMMISSARIUS
(scharf)

Halt! Keiner rührt sich! Was ist los?
Wer hat um Hilf' geschrien? Wer hat Skandal
gemacht?

BARON
(auf ihn zu, mit der Sicherheit des großen Herrn)

Is all's in Ordnung jetzt. Bin mit Ihm wohl zu-
frieden.
Hab' gleich verhofft, daß in Wien all's so wie am
Schnürl geht.
(vergnügt)
Schaff' Er mir da das Pack vom Hals. Ich will in
Ruh' soupieren.

KOMMISSARIUS

Wer ist der Herr? Was gibt dem Herrn Befugnis?
Ist Er der Wirt?

(Baron sperrt den Mund auf)

KOMMISSARIUS

(scharf)

Dann halt' Er sich gefällig still
Und wart' Er, bis man ihn vernehmen wird.

BARON

(retiriert sich etwas, perplex, beginnt nach seiner Perücke
zu suchen, die in dem Tumult abhanden gekommen ist und
unauffindbar bleibt)

KOMMISSARIUS

(setzt sich, die zwei Wächter nehmen hinter ihm Stellung)

KOMMISSARIUS

Wo ist der Wirt?

WIRT

(devot)

Mich dem Herrn Oberkommissarius schönstens zu
rekommandieren.

KOMMISSARIUS

Die Wirtschaft da rekommandiert Ihn schlecht.
Bericht' Er jetzt! Von Anfang!

WIRT

Herr Kommissar! Der Herr Baron —

KOMMISSARIUS

Der große Dicke da? Wo hat er sein Paruckl?

BARON
(der die ganze Zeit gesucht hat)
Das frag' ich Ihn!

WIRT
Das ist der Herr Baron von Lerchenau!

KOMMISSARIUS
Genügt nicht.

BARON
Was?

KOMMISSARIUS
Hat Er Personen nahebei,
Die für Ihn Zeugnis geben?

BARON
Gleich bei der Hand! Da hier mein Sekretär, ein
Italiener.

VALZACCHI
(wechselt mit Octavian einen Blick des Einverständnisses)
Ik exkusier' mik. Ik weiß nix. Der Herr
kann sein Baron, kann sein auch nit. Ik weiß von
nix.

BARON
(außer sich)
Das ist doch stark, wällisches Luder, falsches!
(geht mit erhobener Linken auf ihn los)

KOMMISSARIUS
(zum Baron, scharf)
Fürs erste moderier' Er sich.

OCTAVIAN

(der bis jetzt ruhig rechts gestanden, tut nun, als ob er, in
Verzweiflung hin und her irrend, den Ausweg nicht fände
und das Fenster für eine Ausgangstür hält)

Oh mein Gott in die Erd'n möcht' ich sinken!
Heilige Mutter von Maria Taferl!

KOMMISSARIUS

Wer ist dort die junge Person?

BARON

Die? Niemand. Sie steht unter meiner Protektion!

KOMMISSARIUS

Er selber wird bald eine Protektion sehr nötig
haben.
Wer ist das junge Ding, was macht Sie hier?

(blickt um sich)

Ich will nicht hoffen, daß Er ein gottverdammter
Debauchierer
Und Verführer ist! Da könnt's ihm schlecht ergehn.
Wie kommt Er zu dem Mädel? Antwort will ich.

OCTAVIAN

I geh' ins Wasser!

(Rennt gegen den Alkoven, wie um zu flüchten, und reißt
den Vorhang auf, so daß man das Bett friedlich beleuchtet
dastehen sieht.)

KOMMISSARIUS

(erhebt sich)

Herr Wirt, was seh' ich da?
Was für ein Handwerk treibt denn Er?

WIRT
(verlegen)

Wenn ich Personen von Stand zum Speisen oder
Nachtmahl hab' —

KOMMISSARIUS

Halt' Er den Mund. Ihn nehm' ich später vor.
(zum Baron)

Jetzt zähl' ich noch bis drei, dann will ich wissen,
wie Er da zu dem jungen Bürgermädchen kommt!
Ich will nicht hoffen, daß Er sich einer falschen
Aussag' wird unterfangen.
(Wirt und Valzacchi deuten dem Baron durch Gebärden
die Gefährlichkeit der Situation und die Wichtigkeit seiner
Aussage an.)

BARON
(winkt ihnen mit großer Sicherheit, sich auf ihn zu ver-
lassen, er sei kein heuriger Haas)

Wird wohl kein Anstand sein bei ihm, Herr
Kommissar,
Wenn eine Standsperson mit seiner ihm verlobten
Braut
Um neune abends ein Souper einnehmen tut.
(Blickt um sich, die Wirkung seiner schlauen Aussage
abzuwarten.)

KOMMISSARIUS

Da wäre Seine Braut? Geb' Er den Namen an
Vom Vater und 's Logis. Wenn seine Angab' stimmt,
Mag er sich mit der Jungfer retirieren.

BARON

Ich bin wahrhaftig nicht gewohnt, in dieser Weise —

KOMMISSARIUS
(scharf)
Mach' Er sein Aussag' oder ich zieh' andere Saiten auf.

BARON
Werd' nicht mankieren. Ist die Jungfer Faninal
Sophia Anna Barbara, eheliche Tochter
des wohlgeborenen Herrn von Faninal,
Wohnhaft am „Hof" im eignen Palais.
(An der Tür haben sich Gasthofpersonal, andere Gäste, auch
einige der Musiker aus dem anderen Zimmer neugierig an-
gesammelt. Herr von Faninal drängt sich durch sie durch,
eilig aufgeregt in Hut und Mantel.)

FANINAL
Zur Stell'! Was wird von mir gewünscht?
(auf den Baron zu)
Wie sieht Er aus?
War mir vermutend nicht zu dieser Stunde,
in ein gemeines Beisl depeschiert zu werden!

BARON
(sehr erstaunt und unangenehm berührt)
Wer hat Ihn hierher depeschiert? In des Dreiteufels
Namen?

FANINAL
(halblaut zu ihm)
Was soll mir die saudumme Frag', Herr Schwieger-
sohn?
Wo Er mir schier die Tür einrennen läßt mit Bot-
schaft,
Ich soll sehr schnell
Herbei und Ihn in einer üblen Lage soutenieren,
In die Er unverschuldeterweise geraten ist!

BARON
(greift sich an den Kopf)

KOMMISSARIUS

Wer ist der Herr? Was schafft der Herr mit Ihm?

BARON

Nichts von Bedeutung. Ist bloß ein Bekannter,
hält sich per Zufall hier im Gasthaus auf.

KOMMISSARIUS

Der Herr geb' seinen Namen an!

FANINAL

Ich bin der Edle von Faninal.

KOMMISSARIUS

Somit ist dies der Vater —

BARON
(stellt sich dazwischen, deckt Octavian vor Faninals Blick,
eifrig)

Beileib' gar nicht die Spur. Ist ein Verwandter,
Ein Bruder, ein Neveu! Der wirkliche
Ist noch einmal so dick!

FANINAL
(sehr erstaunt)

Was geht hier vor? Wie sieht Er aus? Ich bin der
Vater, freilich!

BARON
(will ihn forthaben)

Das Weitere findet sich, verzieh' Er sich.

FANINAL

Ich muß schon bitten —

BARON

Fahr' Er heim in Teufels Namen.

FANINAL
(immer ärgerlich)

Mein Nam' und Ehr' in einen solchen Händel zu
melieren,
Herr Schwiegersohn!

BARON
(versucht ihm den Mund zuzuhalten, zum Kapitän)

Ist eine idée fixe!
Benennt mich also nur im G'spaß!

KOMMISSARIUS

Ja, ja, genügt schon.
(zu Faninal)
Er erkennt demnach
in diesem Herrn hier Seinen Schwiegersohn?

FANINAL

Sehr wohl! Wie sollt' ich Ihn nicht erkennen?
Leicht, weil Er keine Haar nicht hat?

KOMMISSARIUS
(zum Baron)

Und Er erkennt nunmehr wohl auch in diesem
Herrn
Wohl oder übel Seinen Schwiegervater?

BARON
(nimmt den Leuchter vom Tisch, beleuchtet sich
Faninal genau)

So so, lala! Ja, ja, wird schon derselbe sein.

War heut den ganzen Abend gar nicht recht
beinand',
Kann meinen Augen heut nicht traun. Muß Ihm
sagen,
Liegt hier was in der Luft, man kriegt die Kongestion davon.

KOMMISSARIUS
(zum Faninal)
Dagegen wird von Ihm die Vaterschaft
Zu dieser Ihm verbatim zugeschobenen Tochter
Geleugnet.

FANINAL
(bemerkt jetzt erst Octavian)
Meine Tochter? Da der Fetzen,
Gibt sich für meine Tochter aus?

BARON
(gezwungen lächelnd)

Ein G'spaß! Ein purer Mißverstand! Der Wirt
Hat dem Herrn Kommissarius da was vorerzählt
Von meiner Brautschaft mit der Faninalischen.

WIRT
(aufgeregt)
Kein Wort! Kein Wort! Herr Kommissarius! Laut
eigner Aussag' —

FANINAL
(außer sich)
Das Weibsbild arretieren! Kommt am Pranger!
Wird ausgepeitscht! Wird eingekastelt in ein Kloster!
Ich — ich —

9) Der Rosenkavalier

BARON

Fahr' Er nach Haus. Auf morgen in der Früh'!
Ich klär' Ihm alles auf. Er weiß, was Er mir schuldig ist!

FANINAL

(außer sich vor Wut)

Laut eigner Aussag'

(einige Schritte nach rückwärts)

Meine Tochter soll herauf!
Sitzt unten in der Tragchaise. Im Galopp herauf!

(wieder auf den Baron losstürzend)

Das zahlt Er teuer! Bring' Ihn vors Gericht!

BARON

Jetzt macht Er einen rechten Palawatsch
Für nichts und wieder nichts! Ein Kavalier braucht
eine Roßgeduld, —
Parole d'honneur! Ich will mei' Perücken! —
Sein Schwiegersohn zu sein.

(schüttelt den Wirt)

Meine Perücken will ich sehn!

(Im wilden Herumfahren, um die Perücke zu suchen, faßt
er einige der Kinder an und stößt sie zur Seite.)

DIE KINDER

(automatisch)

Papa! Papa! Papa!

FANINAL

(fährt zurück)

Was ist denn das?

BARON
(im Suchen findet wenigstens seinen Hut, schlägt mit dem
Hut nach den Kindern)

Gar nix, ein Schwindel! Kenn' nit das Bagagi!
Sie sagt, daß sie verheirat' war mit mir.
Käm' zu der Schand', so wie der Pontius ins credo!

SOPHIE
(kommt im Mantel eilig herein, man macht ihr Platz. An
der Tür sieht man die Faninalschen Bedienten, jeder eine
Tragstange der Sänfte haltend. Baron sucht die Kahlheit
seines Kopfes vor Sophie mit dem Hut zu beschatten.)

VIELE STIMMEN
(indes Sophie auf ihren Vater zugeht, dumpf)

Da ist die Braut. Oh, was für ein Skandal!

FANINAL
(zu Sophie)
Da schau' dich um! Da hast du den Herrn
Bräutigam!
Da die Familie von dem saubern Herrn!
Die Frau mitsamt die Kinder! Da das Weibsbild
G'hört linker Hand dazu. Nein, das bist du, laut
eigner Aussag'!
Möcht'st in die Erd'n sinken, was? Ich auch!

SOPHIE
(freudig aufatmend)
Bin herzensfroh, seh' ihn mit nichten an dafür.

FANINAL
Sieht ihn nicht an dafür! Sieht ihn nicht an dafür!
(immer verzweifelter)

9*

Mein schöner Nam'! Ich trau' mi' nimmer übern
Graben!
Kein Hund nimmt mehr ein Stück'l Brot von mir.
(er ist dem Weinen nahe)

DUMPFE STIMMEN

Der Skandal! Der Skandal!
Fürn Herrn von Faninal!

FANINAL

Da! Aus dem Keller! Aus der Luft! Die ganze
Wienerstadt!
(auf den Baron zu, mit geballter Faust)
Oh, Er Filou! Mir wird nicht gut! Ein' Sessel!

(Bediente springen hinzu, fangen ihn auf. Zwei desgleichen
haben vorher ihre Stange einem der Hintenstehenden zu-
geworfen. Sophie ist angstvoll um ihn bemüht. Wirt springt
gleichfalls hinzu. Sie nehmen ihn auf und tragen ihn ins
Nebenzimmer. Mehrere Kellner den Weg weisend, die Türe
öffnend voran. Baron wird in diesem Augenblick seiner
Perücke ansichtig, die wie durch Zauberhand wieder zum
Vorschein gekommen ist, stürzt darauf los, stülpt sie sich
auf und gibt ihr vor dem Spiegel den richtigen Sitz. Mit
dieser Veränderung gewinnt er seine Haltung so ziemlich
wieder, begnügt sich aber, Annina und den Kindern, deren
Gegenwart ihm trotz allem nicht geheuer ist, den Rücken
zu kehren. Hinter Herrn von Faninal und seiner Begleitung
hat sich die Türe links geschlossen. Wirt und Kellner kommen bald darauf leise wieder heraus, holen Medikamente,
Karaffen mit Wasser und anderes, das in die Tür getragen
und von Sophie in der Türspalte übernommen wird.)

BARON
(nunmehr mit dem alten Selbstgefühl auf den
Kommissarius zu)
Sind desto ehr im klaren. Ich zahl', ich geh'!
(zu Octavian)
Ich führ' Sie jetzt nach Haus.

KOMMISSARIUS

Da irrt Er sich. Mit Ihm jetzt weiter im Verhör!
(Auf den Wink des Kommissarius entfernen die beiden
Wächter alle übrigen Personen aus dem Zimmer, nur Annina
mit den Kindern bleibt an der linken Wand stehen.)

BARON

Lass' Er's jetzt gut sein. War ein G'spaß.
Ich sag' Ihm später, wer das Mädel is!
Geb' Ihm mein Wort, ich heirat' sie wahrscheinlich
noch einmal.
Da hinten dort, das Klumpert is schon stad.
Da sieht Er, wer ich bin und wer ich nicht bin.
(macht Miene, Octavian abzuführen)

OCTAVIAN
(macht sich los)

I geh' nit mit dem Herrn!

BARON
(halblaut)

I heirat' Sie, verhält Sie sich mit mir.
Sie wird noch Frau Baronin, so gut gefallt Sie mir!

OCTAVIAN

Herr Kommissar, i geb' was zu Protokoll,
Aber der Herr Baron darf nicht zuhör'n dabei.
(Auf den Wink des Kommissarius drängen die beiden Wäch-
ter den Baron nach vorne rechts. Octavian scheint dem
Kommissarius etwas zu melden, was diesen sehr überrascht.)

BARON
(zu den Wächtern, familiär, halblaut, auf Annina
hindeutend)

Kenn' nicht das Weibsbild dort, auf Ehr'. War
grad' beim Essen!

Hab' keine Ahnung, was sie will. Hätt' sonst nicht
selber um die Polizei —

(Der Kommissarius begleitet Octavian bis an den Alkoven.
Octavian verschwindet hinter dem Vorhang. Der Kommis-
sarius scheint sich zu amüsieren und ist den Spalten des
Vorhangs ungenierterweise nahe.)

BARON

(bemerkt die Heiterkeit des Kommissarius, plötzlich sehr
aufgeregt über den unerklärlichen Vorfall)

Was g'schieht denn dort? Ist wohl nicht möglich
das? Der Lackl!
Das heißt Ihr Sittenpolizei? Ist eine Jungfer!

(er ist schwer zu halten)

Steht unter meiner Protektion! Beschwer' mich!
Hab' da ein Wörtel drein zu reden!

(Reißt sich los, will gegen das Bett hin. Sie fangen und
halten ihn wieder. Aus dem Alkoven erscheinen Stück für
Stück die Kleider der Mariandel. Der Kommissarius macht
ein Bündel daraus.)

BARON

(immer aufgeregt, ringt, seine beidenWächter loszu werden)

Muß jetzt partout zu ihr!

(Sie halten ihn mühsam, während Octavians Kopf aus einer
Spalte des Vorhangs hervorsieht.)

WIRT

(hereinstürmend)

Ihre hochfürstliche Gnaden, die Frau Fürstin Feldmarschallin!

(Kellner herein, reißen die Türe auf. Zuerst werden einige
Menschen in der Marschallin Livree sichtbar, sie rangieren
sich, Marschallin tritt ein, der kleine Neger trägt ihre
Schleppe.)

BARON
(hat sich von den Wächtern losgerissen, wischt sich den Schweiß von der Stirne, eilt auf die Marschallin zu)
Bin glücklich über Maßen, hab' die Gnad' kaum meritiert,
Schätz' Dero Gegenwart hier als ein Freundstück ohnegleichen.

OCTAVIAN
(streckt den Kopf zwischen dem Vorhang hervor)
Marie Theres', wie kommt Sie her?
(Marschallin regungslos, antwortet nicht, sieht sich fragend um.)

KOMMISSARIUS
(auf die Fürstin zu, in dienstlicher Haltung)
Fürstliche Gnaden, melde mich gehorsamst
Als vorstädtischer Unterkommissarius.

BARON
(gleichzeitig)
Er sieht, Herr Kommissar, die Durchlaucht haben selber sich bemüht.
Ich denk', Er weiß, woran Er ist.
(Leiblakai auf den Baron zu, stolz und selbstzufrieden. Baron winkt ihm als Zeichen seiner Zufriedenheit.)

MARSCHALLIN
(zum Kommissar, ohne den Baron zu beachten)
Er kennt mich? Kenn' ich Ihn nicht auch? Mir scheint beinah'.

KOMMISSARIUS
Sehr wohl!

MARSCHALLIN

Dem Herrn Feldmarschall seine brave Ordonanz
gewest?

KOMMISSARIUS

Fürstliche Gnaden, zu Befehl!

(Octavian steckt abermals den Kopf zwischen den Vorhängen hervor.)

BARON

(winkt ihm heftig, zu verschwinden, ist zugleich ängstlich
bemüht, daß die Marschallin nichts merke. Halblaut)

Bleib' Sie, zum Sakra, hinten dort!

(Dann hört er, wie sich Schritte der Tür links vorne nähern;
stürzt hin, stellt sich mit dem Rücken gegen die Türe,
durch verbindliche Gebärden gegen die Marschallin bestrebt, seinem Gehaben den Schein völliger Unbefangenheit
zu geben.)

MARSCHALLIN

(kommt gegen links, mit zuwartender Miene den Baron
anblickend)

OCTAVIAN

(in Männerkleidung, tritt zwischen den Vorhängen hervor,
sobald der Baron ihm den Rücken kehrt; halblaut)

War anders abgemacht! Marie Theres', ich wunder'
mich!

MARSCHALLIN

(als hörte sie ihn nicht, hat fortwährend den verbindlich
erwartungsvollen Blick auf den Baron gerichtet, der in
äußerster Verlegenheit zwischen der Tür und der Marschallin seine Aufmerksamkeit teilt. Die Tür links wird mit
Kraft geöffnet, so daß der Baron, der vergebens versucht
hatte, sich dagegen zu stemmen, wütend zurückzutreten
genötigt ist. Zwei Faninalsche Diener lassen jetzt Sophie
eintreten.)

SOPHIE

(ohne die Marschallin zu sehen, die ihr durch den Baron
verdeckt ist)

Hab' ihm von mei'm Herrn Vater zu vermelden:

BARON

(ihr ins Wort fallend, halblaut)

Is jetzo nicht die Zeit, Kreuzelement!
Kann Sie nicht warten, bis daß man Ihr rufen wird?
Meint Sie, daß ich Sie hier im Beisl präsentieren
werd'?

OCTAVIAN

(ist leise hervorgetreten, zur Marschallin, halblaut)

Das ist die Fräulein — die — um derentwillen —

MARSCHALLIN

(über die Schulter zu Octavian halblaut)

Find' Ihn ein bissl empressiert, Rofrano.
Kann mir wohl denken, wer sie ist. Find' sie
scharmant.

(Octavian schlüpft zwischen die Vorhänge zurück.)

SOPHIE

(den Rücken gegen die Türe, so scharf, daß der Baron
unwillkürlich einen Schritt zurückweicht)

Er wird mich keinem Menschen auf der Welt nicht
präsentieren,
Dieweilen ich mit Ihm auch nicht so viel zu schaffen
hab.

(Die Marschallin spricht leise mit dem Kommissar.)

Und mein Herr Vater laßt Ihm sagen: wenn Er
alsoweit
Die Frechheit sollte treiben, daß man seine Nasen nur

Erblicken tät' auf hundert Schritt von unserm Stadtpalais,
So hätt' Er sich die bösen Folgen selber zuzu-
schreiben.
Das ist, was mein Herr Vater Ihm vermelden läßt.

BARON
(zornig)
Corpo di bacco!
Was ist das für eine ungezogene Sprach'!

SOPHIE
Die Ihm gebührt.

BARON
(außer sich, will an ihr vorbei, zur Tür hinein)
He, Faninal, ich muß —

SOPHIE
Er untersteh' sich nicht!
(Die zwei Faninalschen Diener treten hervor, halten ihn
auf, schieben ihn zurück. Sophie tritt in die Tür, die sich
hinter ihr schließt.)

BARON
(gegen die Tür brüllend)
Bin willens, alles Vorgefall'ne
Vergeben und vergessen sein zu lassen!

MARSCHALLIN
(ist von rückwärts an den Baron herangetreten und klopft
ihm auf die Schulter)
Lass' Er nur gut sein und verschwind' Er auf eins
zwei!

BARON
(dreht sich um, starrt sie an)
Wieso denn?

MARSCHALLIN
(munter, überlegen)

Wahr' Er sein Dignité und fahr' Er ab.

BARON
(sprachlos)

Ich? Was?

MARSCHALLIN

Mach' Er bonne mine à mauvais jeu:
So bleibt Er quasi doch noch eine Standsperson.

BARON
(starrt sie stumm an)
(Sophie tritt leise wieder heraus. Ihre Augen suchen
Octavian.)

MARSCHALLIN
(zum Kommissar, der hinten rechts steht, desgleichen seine
Wächter)

Er sieht, Herr Kommissar:
das Ganze war halt eine Farce und weiter nichts.

KOMMISSARIUS

Genügt mir! Retirier' mich ganz gehorsamst.
(Tritt ab, die beiden Wächter hinter ihm.)

SOPHIE
(vor sich, erschrocken)

Das Ganze war halt eine Farce und weiter nichts.
(Die Blicke der beiden Frauen begegnen sich; Sophie macht
der Marschallin einen verlegenen Knicks.)

BARON
(zwischen Sophie und der Marschallin stehend)

Bin gar nicht willens!

MARSCHALLIN
(ungeduldig, stampft auf)
Mon Cousin, bedeut' Er Ihm!
(Kehrt dem Baron den Rücken.)

OCTAVIAN
(geht von rückwärts auf den Baron zu, sehr männlich)
Möcht' Ihn sehr bitten!

BARON
(fährt herum)
Wer? Was?

MARSCHALLIN
(von rechts, wo sie nun steht)
Sein' Gnaden, der Herr Graf Rofrano, wer denn
sonst?

BARON
(nachdem er sich Octavians Gesicht scharf und in der Nähe
betrachtet, mit Resignation)
Is schon a so!
(vor sich)
Hab' g'nug von dem Gesicht,
Sind doch nicht meine Augen schuld. Is schon ein
Mandl.
(Octavian steht frech und hochmütig da.)

MARSCHALLIN
(einen Schritt nähertretend)
Ist eine wienerische Maskerad' und weiter nichts.

SOPHIE *bitter*
(halb traurig, halb höhnisch für sich)
Ist eine wienerische Maskerad' und weiter nichts.

BARON
(sehr vor den Kopf geschlagen)
Ah!
(für sich)

Spiel'n alle unter einem Leder gegen meiner!

MARSCHALLIN
(von oben herab)
Ich hätt' Ihm nicht gewunschen,
Daß Er mein Mariandl in der Wirklichkeit mir hätte
debauchiert!

BARON
(wie oben, vor sich hin sinnierend)

MARSCHALLIN
(wie oben und ohne Oktavian anzusehen)
Hab' jetzt einen montierten Kopf gegen die
Männer —
so ganz im allgemeinen!

BARON
(allmählich der Situation beikommend)
Kreuzelement! Komm' aus dem Staunen nicht
heraus!
Der Feldmarschall — Octavian — Mariandl — die
Marschallin — Octavian.
(mit einem ausgiebigen Blick, der von der Marschallin zu
Octavian, von Octavian wieder zurück zur Marschallin
wandert)

Weiß bereits nicht, was ich von diesem ganzen qui-
pro-quo
mir denken soll!

MARSCHALLIN
(mit einem langen Blick, dann mit großer Sicherheit)
Er ist, mein' ich, ein Kavalier? Da wird Er sich
halt gar nichts denken.
Das ist's, was ich von Ihm erwart'.
(Pause)

BARON
(mit Verneigung und weltmännisch)
Bin von so viel Finesse scharmiert, kann gar nicht
sagen, wie.
Ein Lerchenauer war noch nie kein Spielverderber
nicht.
(einen Schritt an sie herantretend)
Find' deliziös das ganze qui-pro-quo,
bedarf aber dafür nunmehro Ihrer Protektion.
Bin willens, alles Vorgefallene
vergeben und vergessen sein zu lassen.
(Pause)
Eh bien, darf ich den Faninal —
(Er macht Miene, an die Türe links zu gehen.)

MARSCHALLIN
Er darf — Er darf in aller Still' sich retirieren.

BARON
(aus allen Himmeln gefallen)

MARSCHALLIN
Versteht Er nicht, wenn eine Sach' ein End' hat?
Die ganze Brautschaft und Affär' und alles sonst.

Was drum und dran hängt,
(sehr bestimmt)
Ist mit dieser Stund' vorbei.

SOPHIE
(sehr betreten, für sich)
Was drum und dran hängt, ist mit dieser Stund
vorbei.

BARON
(für sich, empört, halblaut)
Mit dieser Stund' vorbei! Mit dieser Stund' vorbei!

MARSCHALLIN
(scheint sich nach einem Stuhl umzusehen, Octavian springt hin, gibt ihr einen Stuhl. Marschallin setzt sich rechts, mit Bedeutung für sich)
Ist halt vorbei.

SOPHIE
(links vor sich, blaß)
Ist halt vorbei!
(Baron findet sich durchaus nicht in diese Wendung, rollt verlegen und aufgebracht die Augen. In diesem Augenblick kommt der Mann aus der Falltür hervor. Von links tritt Valzacchi ein, die Verdächtigen in bescheidener Haltung hinter ihm. Annina nimmt Witwenhaube und Schleier ab, wischt sich die Schminke weg und zeigt ihr gewöhnliches Gesicht. Dies alles zu immer gesteigertem Staunen des Barons. Der Wirt, eine lange Rechnung in der Hand, tritt zur Mitteltüre herein, hinter ihm Kellner, Musikanten, Hausknechte, Kutscher.)

BARON
(wie er sie alle erblickt, gibt er sein Spiel verloren. Ruft schnell entschlossen)
Leupold, wir gehn!
(Macht der Marschallin ein tiefes, aber zorniges Kompliment. Leiblakai ergreift einen Leuchter vom Tisch und will seinem Herrn voran.)

ANNINA
(stellt sich frech dem Baron in den Weg)
„Ich hab' halt schon einmal ein Lerchenauisch
Glück!"
(auf die Rechnung des Wirtes deutend)
„Komm' Sie nach Tisch, geb' Ihr die Antwort nach-
her schriftlich!"
(Die Kinder kommen dem Baron unter die Füße.
Er schlägt mit dem Hut unter sie.)

DIE KINDER
Papa! Papa! Papa!

KELLNER
(sich zuerst an den Baron drängend)
Entschuld'gen Euer Gnaden!
Uns gehen die Kerzen an!

WIRT
(sich mit der Rechnung vordrängend)
Entschuld'gen Euer Gnaden!

ANNINA
(vor dem Baron her nach rückwärts tanzend)
„Ich hab' halt schon einmal ein Lerchenauisch
Glück!"

VALZACCHI
(höhnisch)
„Ich hab' halt schon einmal ein Lerchenauisch
Glück!"

DIE MUSIKANTEN
(sich dem Baron in den Weg stellend)
Tafelmusik über zwei Stunden!

LEIBLAKAI
(bahnt sich den Weg gegen die Tür hin)

BARON
(will hinter ihm durch)

DIE KUTSCHER
(auf den Baron eindringend)
Für die Fuhr', für die Fuhr', Rösser g'schund'n ham
ma gnua!

HAUSKNECHT
(den Baron grob anrempelnd)
Sö fürs Aufsperrn, Sö, Herr Baron!

WIRT
(immer die Rechnung präsentierend)
Entschuld'gen Euer Gnaden.

KELLNER
Zwei Schock Kerzen, uns gehn die Kerzen an.

BARON
(im Gedränge)
Platz da, zurück da Kreuzmillion.

DIE KINDER
Papa! Papa! Papa!

ALLE
(schreien wild durcheinander)

10) Der Rosenkavalier

BARON
(drängt sich mit Macht durch gegen die Ausgangstür, alle
dicht um ihn in einem Knäuel)

HAUSKNECHT
Führa g'fahr'n, außa g'ruckt, Sö. Herr Baron!

ALLE
(sind schon in der Tür, dem Lakai wird der Armleuchter
entwunden)

BARON
(stürzt ab)

ALLE
(stürmen ihm nach, der Lärm verhallt. Die zwei Faninalschen Diener sind indessen links abgetreten. Es bleiben
allein zurück: Sophie, die Marschallin und Octavian.)

SOPHIE
(links stehend, blaß)
Mein Gott, es war nicht mehr als eine Farce.
Mein Gott, mein Gott!
Wie Er bei ihr steht und ich bin die leere Luft für Ihn.

OCTAVIAN
(hinter dem Stuhl der Marschallin, verlegen)
War anders abgemacht, Marie Theres', ich wunder'
mich.
(in höchster Verlegenheit)
Befiehlt Sie, daß ich — soll ich nicht — die Jungfer
— der Vater —

MARSCHALLIN
Geh' Er doch schnell und tu' Er, was sein Herz Ihm
sagt.

SOPHIE
(verzweifelt)
Die leere Luft. O mein Gott, o mein Gott!

OCTAVIAN
Theres', ich weiß gar nicht —

MARSCHALLIN
Geh' Er und mach' Er Seinen Hof.

OCTAVIAN
Ich schwör Ihr —

MARSCHALLIN
Laß Er's gut sein.

OCTAVIAN
Ich begreif' nicht, was Sie hat.

MARSCHALLIN
(lacht zornig)
Er ist ein rechtes Mannsbild, geh' Er hin.

OCTAVIAN
Was Sie befiehlt.
(Geht hinüber.)

SOPHIE
(wortlos)

OCTAVIAN
(bei ihr)
Eh bien, hat Sie kein freundlich Wort für mich?
Nicht einen Blick, nicht einen lieben Gruß?

SOPHIE
(stockend)
War mir von Euer Gnaden Freundschaft und
Behilflichkeit
Wahrhaftig einer andern Freud' gewärtig.

OCTAVIAN
(lebhaft)
Wie — freut Sie sich denn nicht?

SOPHIE
(unmutig)
Hab' wirklich keinen Anlaß nicht.

OCTAVIAN
Hat man Ihr nicht den Bräutigam vom Hals
geschafft?

SOPHIE
Wär' all's recht schön, wenn's anders abgegangen
wär'.
Schäm' mich in Grund und Boden. Versteh' sehr
wohl,
Mit was für einen Blick Ihre fürstliche Gnaden mich
betracht'.

OCTAVIAN
Ich schwör' Ihr, meiner Seel' und Seligkeit.

SOPHIE
Laß Er mich gehn.

OCTAVIAN
Ich laß Sie nicht.
(faßt ihre Hand)

SOPHIE

Der Vater braucht mich drin.

OCTAVIAN

Ich brauch' Sie nötiger.

SOPHIE

Das sagt sich leicht.

OCTAVIAN

Ich hab' Sie übermäßig lieb.

SOPHIE

Das ist nicht wahr,
Er hat mich nicht so lieb, als wie Er spricht.
Vergess' Er mich!

OCTAVIAN

Ist mir um Sie und nur um Sie.

SOPHIE

Vergess' Er mich!

OCTAVIAN
(heftig)
Mag alles drunter oder drüber gehn!

SOPHIE
(leidenschaftlich)
Vergess' Er mich!

OCTAVIAN

Hab' keinen andern Gedanken nicht.
Seh' alleweil Ihr lieb Gesicht.
(faßt mit beiden Händen ihre beiden)

SOPHIE

(schwach abwehrend)

Vergess' Er mich!

MARSCHALLIN

(ist indessen aufgestanden, bezwingt sich aber und setzt sich
wieder, vor sich, getragen, gleichzeitig mit Octavian und
Sophie)

Heut oder morgen oder den übernächsten Tag.
Hab' ich mir's denn nicht vorgesagt?
Das alles kommt halt über jede Frau.
Hab' ich's denn nicht gewußt?
Hab' ich nicht ein Gelübde tan,
Daß ich's mit einem ganz gefaßten Herzen
Ertragen werd' . . .
Heut oder morgen oder den übernächsten Tag.

(Sie wischt sich die Augen, steht auf.)

SOPHIE

(leise)

Die Fürstin da! Sie ruft Ihn hin! So geh' Er doch.

OCTAVIAN

(ist ein paar Schritte gegen die Marschallin hingegangen,
steht jetzt zwischen beiden, verlegen. Pause.)

SOPHIE

(in der Tür, unschlüssig, ob sie gehen oder bleiben soll)

OCTAVIAN

(in der Mitte, dreht den Kopf von einer zur andern)

MARSCHALLIN

(sieht seine Verlegenheit; ein trauriges Lächeln huscht über
ihr Gesicht)

SOPHIE

(an der Tür)

Ich muß hinein und fragen, wie's dem Vater geht.

OCTAVIAN

Ich muß jetzt was reden, und mir verschlagt's die
Red'.

MARSCHALLIN

Der Bub', wie er verlegen da in der Mitten steht.

OCTAVIAN

(zu Sophie)

Bleib' Sie um alles hier.

(Zur Marschallin.)

Wie, hat Sie was gesagt?

MARSCHALLIN

(geht, ohne Octavian zu beachten hinüber zu Sophie)

OCTAVIAN

(tritt einen Schritt zurück)

MARSCHALLIN

(steht vor Sophie, sieht sie prüfend, aber gütig an)

SOPHIE

(in Verlegenheit, knickst)

MARSCHALLIN

So schnell hat Sie ihn gar so lieb?

SOPHIE

(sehr schnell)

Ich weiß nicht, was Euer Gnaden meinen mit der
Frag'.

MARSCHALLIN

Ihr blaß Gesicht gibt schon die rechte Antwort drauf.

SOPHIE

(in großer Schüchternheit und Verlegenheit, immer sehr schnell)

Wär' gar kein Wunder, wenn ich blaß bin, Euer
Gnaden.
Hab' einen großen Schreck erlebt mit dem Herrn
Vater.
Gar nicht zu reden von gerechtem Emportement
gegen den skandalösen Herrn Baron.
Bin Euer Gnaden recht in Ewigkeit verpflichtet,
Daß mit Dero Hilf' und Aufsicht —

MARSCHALLIN

(abwehrend)

Red' Sie nur nicht zu viel, Sie ist ja hübsch genug!
Und gegen den Herrn Papa sein Übel weiß ich etwa
eine Medizin.
Ich geh' jetzt da hinein zu ihm und lad' ihn ein,
Mit mir und Ihr und dem Herrn Grafen da
In meinem Wagen heimzufahren — meint Sie nicht —
Daß ihn das rekreieren wird und allbereits
Ein wenig munter machen?

SOPHIE

Euer Gnaden sind die Güte selbst.

MARSCHALLIN

Und für die Blässe weiß vielleicht mein Vetter da
die Medizin.

OCTAVIAN

(innig)

Marie Theres', wie gut Sie ist.
Marie Theres', ich weiß gar nicht. —

MARSCHALLIN

(mit einem undefinierbaren Ausdruck leise)

Ich weiß auch nix.

(Ganz tonlos)

Gar nix.

(Winkt ihm, zurückzubleiben)

OCTAVIAN

(unschlüssig, als wollte er ihr nach)

Marie Theres'!

(Marschallin bleibt in der Tür stehen. Octavian steht ihr zunächst, Sophie weiter rechts.)

MARSCHALLIN

(vor sich, zugleich mit Octavian und Sophie)

Hab' mir's gelobt, Ihn lieb zu haben in der richtigen
              Weis'.
Daß ich selbst Sein Lieb' zu einer andern
noch lieb hab! Hab' mir freilich nicht gedacht,
daß es so bald mir auferlegt sollt' werden!

(Seufzend.)

Es sind die mehreren Dinge auf der Welt,
So daß sie ein's nicht glauben tät',
Wenn man sie möcht' erzählen hör'n.
Alleinig wer's erlebt, der glaubt daran und weiß
              nicht wie —
Da steht der Bub' und da steh' ich, und mit dem
              fremden Mädel dort
Wird Er so glücklich sein, als wie halt Männer
Das Glücklichsein verstehen. In Gottes Namen.

OCTAVIAN

(zugleich mit der Marschallin und Sophie, erst vor sich, dann
Aug' in Aug' mit Sophie)

Es ist was kommen und ist was g'schehn,
Ich möcht' Sie fragen: darf's denn sein? und grad'
              die Frag',
Die spür' ich, daß sie mir verboten ist.
Ich möcht' Sie fragen: warum zittert was in mir? —
Ist denn ein großes Unrecht geschehn? Und grad'
              an Sie
Darf ich die Frag' nicht tun — und dann seh' ich
              dich an,

Sophie, und seh' nur dich und spür' nur dich,
Sophie, und weiß von nichts als nur: dich hab' ich
lieb.

SOPHIE

(zugleich mit der Marschallin und Octavian, erst vor sich,
dann Aug' in Aug' mit Octavian)

Mir ist wie in der Kirch'n, heilig ist mir und so
bang.
Und doch ist mir unheilig auch! Ich weiß nicht, wie
mir ist.

(Ausdrucksvoll.)

Ich möcht' mich niederknien dort vor der Frau und
möcht' ihr
was antun, denn ich spür', sie gibt mir ihn
und nimmt mir was von ihm zugleich. Weiß gar
nicht, wie mir ist!
Möcht' all's verstehen und möcht' auch nichts verstehen.
Möcht' fragen und nicht fragen, wird mir heiß und
kalt.
Und spür' nur dich und weiß nur eins: dich hab' ich
lieb!

(Marschallin geht leise links hinein, die beiden bemerken es
gar nicht. Octavian ist dicht an Sophie herangetreten, einen
Augenblick später liegt sie in seinen Armen.)

OCTAVIAN

(zugleich mit Sophie)

Spür' nur dich, spür' nur dich allein
und daß wir beieinander sein!
Geht all's sonst wie ein Traum dahin
vor meinem Sinn!

SOPHIE

(zugleich mit Octavian)

Ist ein Traum, kann nicht wirklich sein,
daß wir zwei beieinander sein,

beieinand' für alle Zeit
und Ewigkeit!

OCTAVIAN
(ebenso)

War ein Haus wo, da warst du drein,
und die Leut' schicken mich hinein,
mich gradaus in die Seligkeit!
Die waren g'scheit!

SOPHIE
(ebenso)

Kannst du lachen? Mir ist zur Stell'
bang wie an der himmlischen Schwell'!
Halt' mich, ein schwach Ding, wie ich bin,
sink' dir dahin!

(Sie muß sich an ihn lehnen. In diesem Augenblick öffnen
die Faninalschen Lakaien die Tür und treten herein, jeder
mit einem Leuchter. Durch die Tür kommt Faninal, die Marschallin an der Hand führend. Die beiden jungen stehen
einen Augenblick verwirrt, dann machen sie ein tiefes Kompliment, das Faninal und die Marschallin erwidern. Faninal
tupft Sophie väterlich gutmütig auf die Wange.)

FANINAL

Sind halt aso, die jungen Leut'!

MARSCHALLIN

Ja, ja.

(Faninal reicht der Marschallin die Hand, führt sie zur Mitteltür, die zugleich durch die Livree der Marschallin, darunter der kleine Neger, geöffnet wurde. Draußen hell, her-
innen halbdunkel, da die beiden Diener mit den Leuchtern
der Marschallin voraustreten. Octavian und Sophie, allein
im halbdunklen Zimmer, wiederholen leise.)

OCTAVIAN

(zugleich mit Sophie)

Spür' nur dich, spür' nur dich allein
und daß wir beieinander sein!
Geht all's sonst wie ein Traum dahin
vor meinem Sinn!

SOPHIE

(zugleich mit Octavian)

Ist ein Traum, kann nicht wirklich sein,
daß wir zwei beieinander sein,
beieinand' für alle Zeit
und Ewigkeit!

(Sie sinkt an ihn hin, er küßt sie schnell. Ihr fällt, ohne daß
sie es merkt, ihr Taschentuch aus der Hand. Dann laufen sie
schnell, Hand in Hand, hinaus. Die Bühne bleibt leer, dann
geht nochmals die Mitteltür auf. Herein kommt der kleine
Neger, mit einer Kerze in der Hand, sucht das Taschentuch,
findet es, hebt es auf, trippelt hinaus.)

DER ROSENKAVALIER

KOMÖDIE FÜR MUSIK IN DREI AUFZÜGEN VON
HUGO VON HOFMANNSTHAL - MUSIK VON

RICHARD STRAUSS

OPUS 59

Klavier-Auszug mit deutschem Text (Otto Singer)

Klavier-Auszug mit deutsch-englischem Text, von C. Besl

Klavier-Auszug mit französischem Text (Otto Singer)

Klavier-Auszug mit italienischem Text (Otto Singer)

Klavier-Auszug für Piano solo mit übergelegtem deutsch-englischem Text (Otto Singer)

Einzelausgaben für Gesang und Klavier

Nr. 1. **Arie des Tenors** (I. Akt) „Di rigori armato il seno"

Nr. 2. **Monolog der Marschallin** (I. Akt) „Kann mich auch an ein Mädel erinnern"

Nr. 3. **Schlußduett** (I. Akt) (Marschallin-Oktavian) „Die Zeit, die ist ein sonderbar Ding"

Nr. 4. **Ankunft des Rosenkavaliers und Überreichung der silbernen Rose.** Duett (II. Akt) (Oktavian—Sophie) „Mir ist die Ehre widerfahren"

Nr. 5. **Duett** (II. Akt) (Oktavian—Sophie) „Mit ihren Augen voll Tränen"

Nr. 6. **Terzett** (III. Akt) (Sophie—Marschallin—Oktavian) „Hab' mir's gelobt, ihn lieb zu haben"

Nr. 7. **Schlußduett** (III. Akt) (Sophie—Oktavian) „Ist ein Traum, kann nicht wirklich sein"

Textbuch, deutsch

> Ausgaben: deutsch-englisch, böhmisch, dänisch, englisch, französisch, italienisch, schwedisch, ungarisch.

Ein Führer durch das Werk von Alfred Schattmann
mit Notenbeispielen und Faksimile einer Seite aus der Original-Partitur, deutsch

> Ausgaben: englisch, französisch, italienisch.

RICHARD STRAUSS

BÜHNENWERKE

IPHIGENIE AUF TAURIS. Oper in drei Aufzügen von Chr. W. von Gluck. Neu übersetzt und für die deutsche Bühne bearbeitet.

GUNTRAM. Handlung in drei Aufzügen. Dichtung vom Komponisten.

FEUERSNOT. Ein Singgedicht in einem Aufzug von Ernst von Wolzogen.

SALOME. Musikdrama in einem Aufzug nach Oscar Wildes gleichnamiger Dichtung in deutscher Übersetzung von Hedwig Lachmann.

ELEKTRA. Musiktragödie in einem Aufzug. Dichtung von Hugo von Hofmannsthal.

DER ROSENKAVALIER. Komödie für Musik in drei Aufzügen. Dichtung von Hugo von Hofmannsthal.

ARIADNE AUF NAXOS. Oper in einem Aufzug von Hugo von Hofmannsthal. Zu spielen nach dem *„Bürger als Edelmann"* des Molière. (Erste Fassung.)

ARIADNE AUF NAXOS. Oper in einem Aufzug nebst einem Vorspiel von Hugo von Hofmannsthal. (Neue Bearbeitung.)

DER BÜRGER ALS EDELMANN. Komödie mit Tänzen von Molière. Freie Bühnenbearbeitung in drei Aufzügen.

JOSEPHS-LEGENDE. Handlung in einem Aufzug von Harry Graf Keßler und Hugo von Hofmannsthal.

DIE FRAU OHNE SCHATTEN. Oper in drei Aufzügen von Hugo von Hofmannsthal.

SCHLAGOBERS. Heiteres Wiener Ballett in zwei Aufzügen.

INTERMEZZO. Eine bürgerliche Komödie mit sinfonischen Zwischenspielen. Dichtung vom Komponisten.

DIE RUINEN VON ATHEN. Ein Festspiel mit Tänzen und Chören. Musik unter teilweiser Benutzung des Balletts *„Die Geschöpfe des Prometheus"* von Ludwig van Beethoven. Neu herausgegeben und bearbeitet.

DIE ÄGYPTISCHE HELENA. Oper in zwei Aufzügen von Hugo von Hofmannsthal. (Erste Fassung und neue Bearbeitung.)

ARABELLA. Lyrische Komödie in drei Aufzügen von Hugo von Hofmannsthal.

DIE SCHWEIGSAME FRAU. Komische Oper in drei Aufzügen. Frei nach Ben Jonson von Stefan Zweig.

FRIEDENSTAG. Oper in einem Aufzug von Joseph Gregor.

DAPHNE. Bukolische Tragödie in einem Aufzug von Joseph Gregor.

ELEKTRA

MUSIKTRAGÖDIE IN EINEM AUFZUG VON
HUGO VON HOFMANNSTHAL
MUSIK VON
RICHARD STRAUSS

Klavier-Auszug mit deutschem Text (Otto Singer)

Klavier-Auszug mit deutsch-englischem Text,
erleichterte Ausgabe (Carl Besl)

Klavier-Auszug mit französisch-italienischem Text
(Otto Singer)

Klavier-Auszug zu 2 Händen mit übergelegtem deutschem Text (Otto Taubmann)

Einzelausgaben für Gesang und Klavier

Nr. 1. **Soloszene der Elektra:** „Allein! Weh, ganz allein"
Dasselbe mit franz.-ital. Text

Nr. 2. **Gesang der Chrysothemis:** „Ich hab's wie Feuer in der
Brust"

Nr. 3. **Gesang der Elektra:** „Wie stark du bist" — „How strong
thou art"

Nr. 4. **Großes Duett** (Elektra und Orest): „Was willst du, fremder
Mensch"

Nr. 5. **Gesang der Elektra aus dem Duett mit Orest:** „O laß deine
Augen mich sehn" — „O let mine eye gaze but on thee"

Nr. 6. **Großer Schlußgesang von Elektra und Chrysothemis**
(Duett): „Elektra, Schwester! Komm mit uns"

Für Klavier

Fantasie (Otto Singer)

Für Orchester

Fantasie (Emile Tavan) Partitur (in Abschrift) Stimmen
Für Salon-Orchester
Für Pariser Besetzung

Textbuch, deutsch
Ausgaben : böhmisch, englisch, französisch, englisch-
französisch, italienisch, russisch, ungarisch.

Ein Führer durch das Werk von **Otto Roese** und **Julius Prüwer**
mit Notenbeispielen und Faksimile einer Seite aus der
„Original-Partitur", deutsch
Ausgaben : englisch, italienisch.